Fanny Merkin habite dans un manoir de Beverly Hills qu'elle a pu se payer grâce à l'à-valoir extravagant qu'elle a reçu pour *Cinquante Nuisances d'Earl Grey*. Anciennement employée au Wal-Mart, elle publiait sous le pseudonyme d'Andrew Shaffer dans des revues aussi diverses que *Mental Floss* ou *Maxim*. Andrew Shaffer est également l'auteur de *Great Philosophers Who Failed at Love* (« ces grands penseurs nuls en amour »). Il critique les littératures sentimentale, érotique et féminine pour le *RT Book Reviews*.

Fanny Merkin

Cinquante nuisances d'Earl Grey

Traduit de l'anglais (États-Unis) par Benjamin Kuntzer

MILADY ROMANTICA

Milady est un label des éditions Bragelonne

Titre original : *Fifty Shames of Earl Grey*
Copyright © 2012 by Andrew Shaffer

© Bragelonne 2015, pour la présente traduction

ISBN : 978-2-8112-1076-2

Bragelonne – Milady
60-62, rue d'Hauteville – 75010 Paris

E-mail : info@milady.fr
Site Internet : www.milady.fr

Remerciements

Merci à Brandi Bowles et à tous les gars de Foundry Literary + Media d'avoir cru en ce projet. Vive les poneys !

Merci à Brandy Rivers et à la Gersh Agency d'avoir repéré des terrains pour mon luxueux manoir de Beverly Hills.

Merci à Renée Sedliar, Lissa Warren, Sean Maher, Kevin Hanover, John Radziewicz, Alex Camlin et à tous les membres de Da Capo Press et de Perseus Books Group.

Merci à Christine Marra et à Marrathon Editorial Production Services d'avoir modelé mon manuscrit.

Merci à Jennifer Sullivan, à Hilary Rose et à toute l'équipe de Tantor Audio.

Merci à la talentueuse Allyson Ryan d'avoir donné naissance à Anna Steal pour le livre audio.

Merci à mes bêta lectrices, Tiffany Reisz et Karen Stivali.

Merci aux milliers de lecteurs qui ont suivi cette histoire lorsque les trois premiers chapitres ont été publiés sous forme de feuilleton sur evilreads.com sous le titre *Fifty-one Shades*. Je ne vous mentais pas en affirmant que je passerais à l'ennemi, changerais le nom des personnages et me terrerais dans mon tout nouveau McManoir. Bonne chance pour franchir mes douves pleines d'alligators !

Enfin, et surtout, merci à Stephenie Meyer pour l'inspiration.

Chapitre 1

LA VUE DE MON REFLET DANS LA GLACE M'ARRACHE UN cri de désespoir. Ma toison présente cinquante nuances de désordre. C'est d'un goût douteux, tendance incontrôlée. Je n'ai pas intérêt à m'endormir mouillée. Pendant que je démêle mes longs cheveux châtains, la fille du miroir, aux yeux marron bien trop gros pour sa tête, ne cesse de me dévisager. Attendez une minute…, j'ai les yeux bleus ! Je comprends mieux pourquoi elle ne bougeait pas : voilà cinq minutes que je fixe un poster de Kristen Stewart. Ma coiffure est parfaite.

Mais la situation dans laquelle je me trouve se teinte tout de même de cinquante nuances de désordre. Ma colocataire, Kathleen, a attrapé la grippe de la bouteille. Quelle grosse c… C'était elle qui était censée interviewer le Monsieur Muscles patron de multinationale pour le magazine *Boss et Canon*.

Comme elle est bien trop occupée à vider des seaux de vomi dans les toilettes, je me suis portée volontaire pour le sale boulot. (L'interview, pas le nettoyage de vomi.) Dans quelques semaines à peine, je serai licenciée ès arts libéraux. Pourtant, au lieu de réviser pour mes partiels, je m'apprête à me taper trois heures et demie de route depuis Portland jusqu'au centre-ville de Seattle, afin d'y rencontrer Earl Grey, le P.D.G. incroyablement riche d'Earl Grey Corporation. Kathleen affirme que l'entretien ne peut être repoussé, parce que le temps de M. Grey est compté et ô combien précieux ! Pas le mien, peut-être ? Aucun doute, ma coloc est une vraie c…

Kathleen est vautrée sur le canapé devant *16 Ans et enceinte*. Ça ne serait pas si terrible si elle avait mon âge et qu'elle allait toujours à l'école, mais elle pourrait être ma mère. S'ils inventent un jour l'émission *38 Ans et ravagée*, elle est sûre de réussir le casting. Elle est rédactrice pour *Boss et Canon*, un job dont elle se sert pour mettre de son côté toutes les chances de rencontrer son Riche Trouduc. Aucun des chefs d'entreprise dont elle a jusqu'à présent brossé le portrait ne l'a encore demandée en mariage, mais elle a déjà fait des sandwichs avec plusieurs. « Il faut bien commencer quelque part, comme elle dit. Alors pourquoi pas avec du beurre de cacahuètes et de la confiture ? » Je ne sais pas ce qu'elle a contre le bon vieux saucisse-mayo, cela dit mon expérience avec le sexe opposé est quasiment inexistante.

Kathleen lève les yeux de l'écran et voit à quel point je suis en colère.

—Désolée, Anna. Il m'a fallu des mois pour décrocher cette interview. Allez, fais ça pour moi, s'il te plaît.

Elle me supplie avec la voix râpeuse de Christian Bale dans *Batman*, avant d'être prise d'une quinte de toux. On dirait qu'elle a abusé de la cigarette hier soir.

—Mais bien sûr, Kathleen. Repose-toi. Tu veux du sirop ?

—Il y a de l'alcool, dedans ?

—Oui.

—Alors mets-m'en dans un verre avec du Red Bull, demande-t-elle. Et tiens, prends mon enregistreur de minidisc et pose-lui ces questions. Je m'occuperai de la transcription.

Je n'arrive pas à croire que je suis en train de faire ça ! Je récupère l'enregistreur et le bloc-notes, et j'enfourche ma bicyclette. Je pédale déjà depuis une bonne demi-heure sur l'autoroute quand je me rappelle cette histoire de sirop antitussif mélangé avec du Red Bull. Tant pis pour elle. Cette c… n'a qu'à bouger son cul malade et se préparer elle-même son cocktail.

Le siège d'Earl Grey Corporation, situé au cœur de Seattle, est un gigantesque immeuble de cent soixante-quinze étages, qui s'enfonce dans le ciel telle une immense bitte d'acier. Je franchis les portes vitrées pour pénétrer dans le hall, conçu en verre et en métal du sol au plafond.

Cette architecture exerce sur moi une fascination sans bornes, car, à Portland, les bâtiments sont plutôt en tourbe.

Une femme blonde très séduisante postée derrière le bureau de la réceptionniste me sourit en me voyant entrer. Je devine qu'il s'agit de la réceptionniste, car je ne vois pas d'autre raison pouvant expliquer sa présence derrière le bureau de la réceptionniste. À moins qu'elle ne remplace temporairement la véritable réceptionniste, le temps de sa pause-déjeuner ? C'est alors que je me rappelle qu'il est presque 14 heures, et je doute que quiconque prenne sa pause-déjeuner si tard. Il doit donc s'agir de la véritable réceptionniste.

—Je viens voir M. Grey. Je m'appelle Anna Steal. Je remplace Kathleen Kraven.

—Un instant, mademoiselle Steal, me répond la réceptionniste en pianotant sur son clavier d'ordinateur.

J'aurais dû emprunter l'une des vestes de tailleur de Kathleen pour l'interview. Dans cet immense immeuble, face à cette dame vêtue de manière très professionnelle, j'ai l'impression d'être toute nue dans mon sweat à capuche Tommy Hilfiger et mon jogging Victoria's Secret portant l'inscription « rose » en travers des fesses. Pourtant, mon pantalon n'est pas rose mais gris. Ça me trouble chaque fois que je l'enfile : il devrait plutôt y être écrit « gris », non ? Le secret de Victoria, c'est peut-être son daltonisme.

La réceptionniste lève les yeux de son écran.

—Veuillez signer le registre, mademoiselle Steal, dit-elle en faisant glisser sur le bureau une écritoire à pince munie d'un stylo. Puis vous prendrez l'ascenseur jusqu'au quatre-vingt-dixième.

Je la considère d'un air absent. Nous n'avons pas d'ascenseurs dans l'Oregon.

—C'est mon premier voyage en ascenseur. Comment ça marche, exactement ?

Elle me sourit.

—La cabine que vous allez emprunter est suspendue dans un conduit vertical à l'aide d'un câble en acier qui forme une boucle autour d'une poulie à gorge. Actionnée par un moteur, celle-ci permet de faire monter ou descendre la cabine d'ascenseur.

—C'est fascinant ! Je peux la conduire toute seule ?

—Les ascenseurs sont très simples d'utilisation. Une fois à l'intérieur, vous n'aurez qu'à appuyer sur le bouton « 90 », m'explique-t-elle tandis que je signe le registre.

Je sens une pointe de sarcasme dans sa voix, mais je ne m'en offusque pas. Ils n'ont sans doute pas l'habitude de croiser des péquenauds de Portland, par ici.

La réceptionniste me tend un badge indiquant « Vierge ». C'est donc si évident ?

—Comment saviez-vous…

—… Que c'est votre première fois à l'Earl Grey Corporation ? Détendez-vous, me rassure-t-elle avec un clin d'œil appuyé. J'étais aussi nerveuse que vous la première fois que j'ai rencontré Earl Grey.

Je la remercie et me dirige vers l'ascenseur. Deux hommes chauves et musclés habillés comme des agents secrets montent la garde, et celui qui ressemble à Vin Diesel appuie sur la petite flèche qui monte. À y regarder de plus près, c'est vraiment Vin Diesel. *Waouh.* J'entre dans la cabine, j'appuie sur le bouton 90, et la boîte magique s'élève à toute allure vers le bureau de M. Grey. C'est comme un manège de parc d'attractions, mais gratuit, et sans les deux heures de queue. En plus, personne n'a vomi par terre. Je repense alors à Kathleen.

L'ascenseur ralentit enfin, puis s'arrête. Les portes s'ouvrent, et je me retrouve dans un autre hall tout de verre et d'acier. Ces matériaux sont donc utilisés dans l'immeuble tout entier ? Où ont-ils donc bien pu trouver autant de verre et d'acier ? Je commence à faire ce que je fais chaque fois que je me mets à réfléchir : je me cure le nez. Cependant, avant que je puisse enfoncer mon auriculaire trop profondément, une autre blonde séduisante vient m'accueillir et me conduit jusqu'à un pouf en similicuir.

—Attendez ici, mademoiselle Steal, m'intime-t-elle froidement.

Je me laisse tomber sur le Sacco et observe la blonde disparaître dans un couloir. Earl Grey ne pourrait donc pas employer des hommes à la réception ? Quel sale type ! Je fouille dans mon sac à dos et en extrais le carnet de notes de Kathleen pour passer ses questions en revue. Qui est cet homme que je suis censée interviewer, cet homme dont le patronyme n'est pas sans rappeler le gris de mon survêtement ? Serait-ce un signe ? Cette c… de Kathleen ne m'a rien dit de lui, et je n'ai pas pensé à lui demander des détails. J'ai sans arrêt des absences. Ce type pourrait aussi bien avoir cent ans que cinq. Cela dit, ils ne laisseraient probablement jamais un gamin de cinq ans diriger une société de la taille d'Earl Grey Corporation, si ? C'est alors que je me souviens : ils en sont tout à fait capables. Je l'ai vu dans un film quand j'étais petite. Dans *Richie Rich*, le garçon trop mignon de *Maman, j'ai raté l'avion* est catapulté à la tête d'une multinationale. Punaise, si je dois passer la prochaine heure à interroger un sale gosse, autant sauter par la fenêtre dès maintenant ! Je suis ultra nerveuse. Mes jambes se mettent à tressauter. Je préférerais être seule, roulée en boule dans mon lit, et pleurer jusqu'à sombrer dans le sommeil. N'importe où, sauf ici, sur le point de m'entretenir avec un milliardaire de cinq ans.

Lâche l'affaire, Anna, m'intime une voix dotée d'un fort accent du New Jersey. Il me faut une bonne seconde pour me rendre compte qu'il s'agit de ma pétasse intérieure. Je le sais, parce que chaque fois qu'elle parle dans ma tête ça fait comme un écho bizarre. *Y a pas moyen qu'il ait cinq ans. Ni cent. S'il y a un article sur lui dans* Boss et Canon, *il ressemble forcément à tous les P.D.G. qui les font kiffer : il doit avoir une grosse vingtaine ou une petite trentaine d'années, et un petit côté geek adorable.* Je pousse un soupir de soulagement, car je sais que ma pétasse intérieure n'a sans doute pas tort.

La blonde revient.

—Mademoiselle Steal?

—Oui, réponds-je d'une voix que je m'efforce de rendre rauque pour dissimuler ma crise de confiance.

—M. Grey va vous recevoir dans quelques minutes. Souhaitez-vous boire quelque chose en attendant? Café, soda, thé…?

—Du jus de viande.

C'était supposé être une blague, mais elle hoche la tête et disparaît dans le couloir. Une minute plus tard, elle revient avec une pinte entière d'un liquide épais et marron. Avant que je réclame plutôt un verre d'eau, la porte du bureau donnant sur le vestibule s'ouvre, et un charmant Afro-Américain en émerge. Jay-Z!

Le rappeur tourne alors les talons et désigne du doigt l'intérieur de la pièce qu'il vient de quitter.

—Neuf trous, cette semaine.

J'imagine qu'il parle de golf, mais mon esprit se met à vagabonder vers neuf autres orifices. Jay-Z me décoche un clin d'œil quand il passe devant moi pour rejoindre l'ascenseur.

Mon portable se met à vibrer: un texto de Beyoncé me conseillant de ne pas toucher à son mec. Bref.

—M. Grey est prêt à vous recevoir, me prévient la réceptionniste depuis son bureau.

Je ramasse mon sac à dos et mon carnet, puis m'assure que mon enregistreur de minidisc se trouve bien dans la poche de mon sweat à capuche. Ouf. J'abandonne mon verre de jus de viande et m'approche lentement de la porte ouverte. Je devrais être à Portland, à bosser mes partiels afin de décrocher mon diplôme. Et pourtant me voici à faire le sale boulot de Kathleen. Je vais la tuer, à condition que Beyoncé ne m'assassine pas avant.

J'enfonce une porte ouverte et me prends le pied dans l'ourlet de mon jogging. Tandis que je tombe à la renverse, mon corps retrouve brusquement ses réflexes de gymnaste. Je laisse tomber sac à dos et carnet, tends les bras en avant et effectue une roue parfaite. Mettant à profit l'élan de ma chute, j'enchaîne avec trois rondades et atterris à pieds joints… sur le bureau de M. Grey! Je suis tellement gênée de ma gaucherie que je ferme les paupières.

Attendez un instant. Quelqu'un… m'applaudit? Je rouvre les yeux et découvre M. Grey. SAINTE MÈRE DE TOUS LES VAMPIRES SCINTILLANTS, QU'IL EST BEAU!

Chapitre 2

—M<small>ADEMOISELLE</small> K<small>RAVEN</small>, <small>ME DIT LE MAGNIFIQUE</small> P.D.G. en me tendant une main aux doigts interminables pour m'aider à descendre de son bureau. (Je m'attendais à ce qu'il soit britannique, mais il n'y a pas la moindre trace d'accent anglais dans sa voix.) Je suis Edward Cullen. Euh, je veux dire… Earl Grey. Asseyez-vous.

Il est jeune, sexy, grand – bref, la totale. Et ça m'étonnerait qu'il ait cinq ans. Et il ne doit pas en avoir plus de trente. Impeccable, il est vêtu d'un costume gris sur mesure, d'une chemise blanche sortant du pressing et d'une cravate noire ornée de petits smileys. Avec ses cheveux châtains en bataille et ses yeux gris étincelants, il est typiquement le genre de gars dont on ferait bien un héros de fanfiction.

—Eh bien, euh…, dis-je en acceptant la main tendue pour descendre du bureau.

Je cille rapidement à son contact : soit sa peau est électrique, soit je viens d'avoir une attaque. Une fois descendue du bureau, je m'excuse le temps de ramasser mon carnet et mon sac à dos, puis reviens m'installer en face de lui.

—Mlle Kraven a eu une urgence de dernière minute. Elle m'a envoyée pour la remplacer.

—Et vous vous appelez… ?

—Anna Steal. Mlle Kraven est ma colocataire.

—Mmm, mmm, répond-il.

Je sors de ma poche mon enregistreur de minidisc et l'installe. M. Grey m'observe d'un air amusé. Il se demande sans doute pourquoi j'utilise une technologie déjà obsolète à sa sortie d'usine. Je me pose la même question. Tout ce que je sais, c'est que Kathleen nourrit une véritable obsession pour le vintage. Enfin, quand même : son groupe préféré est Nirvana.

—Désolée, marmonné-je. J'essaie de comprendre le fonctionnement de ce truc-là…

—Ce n'est rien. J'aime bien regarder, précise-t-il avec un sourire malicieux.

—Puis-je enregistrer notre conversation ? C'est pour Kathleen.

—Vous pouvez même nous filmer, si ça peut vous faire plaisir, déclare-t-il.

Cette façon qu'il a de prononcer le mot « nous » fait courir des frissons le long de ma colonne vertébrale. Est-ce qu'il me drague ? Je n'ai pas l'habitude qu'un homme m'accorde ce genre d'attention. Je n'ai jamais été du genre «chaudasse». Mon corps est parfaitement quelconque des pieds à la tête, tant au niveau de mes hanches trop étroites que de mon bonnet B.

—Kathleen vous a dit quel était le but de cette interview, n'est-ce pas?

—Je ne lui ai jamais parlé, mais mon assistante m'a informé qu'il s'agissait d'une sorte de revue d'économie.

—Euh… ouais…

S'il ignore pour quel magazine Kathleen travaille, ce n'est pas moi qui vais le lui apprendre. Je comprends enfin comment allumer le dictaphone et j'ajoute:

—Et donc elle m'a fourni une liste de questions à vous poser.

Il me toise inébranlablement de ses yeux gris.

—Et…?

Pas de conversation futile, apparemment. Je déchiffre mot à mot la première question du carnet.

—Vous êtes jeune et vous avez déjà réalisé bien des choses dans le monde des affaires, plus que la plupart des gens ne le feront jamais. Quel est le secret de votre réussite?

Il sourit.

—L'aspect le plus important de mon travail repose sur mes employés et mes collaborateurs. Je passe beaucoup de temps à apprendre à connaître les gens et à les évaluer. Je les inspire, je les motive et je les récompense. Mon vaste empire compte plus d'un milliard de travailleurs, et je les ai tous reçus en entretien individuel. Donc, en résumé, ma réussite dépend intégralement de ceux dont je m'entoure.

— N'y a-t-il pas une part de chance ?

Cela ne fait pas partie des questions de Kathleen, mais je dois m'éloigner de ma feuille de route : il semble si arrogant et sûr de lui. Je veux le prendre au dépourvu. Ce papier sera le meilleur de l'histoire de *Boss et Canon*.

— La chance est bonne pour les joueurs, mademoiselle Steal. Je ne joue pas.

— Jamais ? Vous n'avez jamais acheté le moindre billet de loterie, par exemple ?

— Jamais, répond-il. Je ne veux pas courir le moindre risque.

— Pas même, disons, un ticket à gratter ?

— Non. Je ne peux pas me le permettre. Si jamais le ticket était perdant, je me retrouverais avec un morceau de papier inutile et de la poussière argentée sur ma pièce. Parfois, ce truc vous colle aux doigts, et c'est une vraie galère à nettoyer.

— Vous avez donc déjà acheté des tickets à gratter !

Il pousse un profond soupir.

— Une petite confidence en off ? Ma mère était accro aux jeux, mademoiselle Steal. Elle préférait m'offrir des tickets à gratter usagés que des jouets, quand j'étais petit. C'est pour ça que je ne veux courir aucun risque.

— Pas même pour 1 dollar ? murmuré-je.

— Pas même pour 1 dollar, confirme-t-il en forant mon crâne de ses yeux gris.

Je sens mon cœur s'emballer. Chacune de ses paroles me donne envie de faire des sandwichs avec lui, même quand il parle des tickets usagés avec lesquels il jouait quand il était petit. Est-ce parce qu'il est si beau garçon ? Ou à cause de ses doigts incroyablement longs ? Ou de ses cheveux en bataille ? Ou encore de ses doigts incroyablement longs ?

— Vous arrive-t-il de vous reposer ? Comment vous détendez-vous ?

— J'ai des hobbies, répond-il avec un petit sourire narquois. Des activités physiques : le base jump, le deltaplane, le tressage de panier sous-marin. J'aime aussi les loisirs intellectuels, comme les jeux de société.

— Le Monopoly, je présume.

— Bien sûr, admet-il. Mais aussi, à l'occasion, une bonne partie de… Taboo.

Gasp.

Il est tellement attirant et ses doigts sont si longs que j'ai du mal à me focaliser sur les questions de Kathleen. Je m'efforce toutefois de me concentrer sur la feuille pour lire la suivante.

— Earl Grey Corporation exerce dans des domaines d'activité aussi variés que la confection, l'exploitation de ressources naturelles ou les start-up Internet. Pourquoi ne pas vous concentrer exclusivement sur le secteur des nouvelles technologies, comme tous les autres milliardaires de votre âge ?

Il soupire.

— Je ne suis pas comme les autres. Je ne fais pas la même chose que les autres, précise-t-il, que ce soit au travail ou au lit.

Dans leur lit, la plupart des gens dorment, regardent la télé ou lisent. Qu'est-ce qu'il a bien pu vouloir dire par là ?

— Vous cantonnez-vous à une certaine philosophie commerciale ?

— Aucun homme n'est une île, m'explique-t-il. Les îles sont constituées de sable, de rochers et d'arbres. Je ne connais personne qui soit fait de la sorte. Par conséquent, les gens ne sont pas des îles.

Waouh. Est-ce que ce mec canon serait aussi diplômé de philo ? Il ne ressemble en rien aux penseurs que je connais, qui passent leur temps à regarder leur nombril en fumant de l'herbe. Je sens ma peau se teinter d'une nuance de pivoine. Je ne me suis encore jamais trouvée en présence d'un homme si beau et si intelligent, sauf quand le président Obama est venu faire un discours dans notre école et a récité par cœur le nom de chaque État (et même des capitales) par ordre alphabétique.

— Votre nom est très caractéristique. Seriez-vous, par hasard, un comte anglais ?

Il secoue la tête.

— Si tel était le cas, pensez-vous vraiment que j'aurais atterri dans une famille d'accueil aux États-Unis ? En outre, voyez comme mes dents sont parfaites.

—Un point pour vous. (Puisqu'il en parle, je passe à la question suivante, qui a un lien direct avec le tour qu'a pris notre conversation.) Comment le fait d'avoir été abandonné par vos parents a influé sur votre carrière ?

Dès que j'ai fini de lire cette question, je me sens encore plus bête que d'habitude. Pourquoi Kathleen n'est-elle pas ici pour faire son boulot ? Ah, ouais : elle est chez nous, en train de se saouler avec son cocktail sirop antitussif-Red Bull. Un mardi comme les autres, en somme.

—Il est de notoriété publique que je n'ai pas eu une enfance ordinaire. En quoi cela a-t-il influé sur ma carrière ? Honnêtement, je n'en ai pas la moindre idée.

Mince. Il ne sourit plus.

—Avez-vous sacrifié l'amour ou la vie de famille pour votre carrière ?

—Non, mais j'ai sacrifié bien des vierges, réplique-t-il en affichant son sourire narquois.

Il change d'humeur aussi souvent que ma mère d'époux.

—Êtes-vous gay ?

Encore une question idiote de Kathleen !

Un autre sourire s'esquisse sur le visage de M. Grey.

—Eh bien non, mademoiselle Steal. Pas du tout. C'est même tout le contraire.

—Quel est le contraire de gay ?

—Triste, déclare-t-il. Vous vouliez dire « gai » dans le sens de « joyeux », non ?

Nouveau coup d'œil au carnet.

— Je ne sais pas, monsieur Grey, ce n'est pas précisé sur ma fiche. Ça dit juste « gay ».

— Quel genre de questions avez-vous là, au juste ?

— Ce sont celles de Kathleen, réponds-je d'un air penaud.

— Vous travaillez avec elle pour ce magazine économique ?

Je secoue la tête tout en rougissant.

— Non. Je suis en dernière année à l'université de Washington State, mais je suis spécialisée en lettres modernes, pas en journalisme. C'est ma toute première interview.

— Je vois, dit-il en se frottant pensivement le menton.

Oh, comme j'aimerais qu'il me frotte le…

L'interphone de son bureau retentit, et il y répond.

— Le top model Jezebel Luxure est en ligne, monsieur Grey, annonce la réceptionniste.

— Dites-lui de patienter. Ma réunion n'est pas terminée.

Il met ainsi en attente la plus belle femme du monde – tout ça pour moi.

— Entendu, monsieur Grey, répond la réceptionniste. Pouvez-vous demander à Mlle Steal si elle souhaite qu'on lui apporte son jus de viande dans votre bureau ? Elle a laissé son verre dans l'entrée.

Earl hausse un sourcil interrogateur à mon intention.

Je secoue la tête.

— Cela ne sera pas nécessaire, déclare-t-il. En cas de besoin, je suis sûr que nous trouverons de quoi étancher sa soif ici.

Un rictus malveillant se dessine sur son visage quand il coupe la communication.

— Veuillez excuser cette interruption. Où en étions-nous ?

— Je crois vous avoir posé toutes les questions de Kathleen.

— Je vois. Alors peut-être accepterez-vous à votre tour de répondre à certaines des miennes ?

— Je ne suis pas quelqu'un de très intéressant, monsieur Grey.

— Laissez-moi en juger. Quand serez-vous diplômée ?

— D'ici à deux semaines.

— Et ensuite quels sont vos projets ?

— Je n'en ai pas. Peut-être un truc en rapport avec l'édition.

Je n'ai pas encore vraiment réfléchi à mon avenir. Je n'ai eu que quatre ans pour l'envisager.

— Earl Grey Corporation possède plusieurs maisons d'édition. Je pourrais vous obtenir un entretien dans l'une d'elles, propose-t-il.

— Euh… merci. Mais je ne suis pas certaine d'avoir ma place dans vos équipes.

— Et pourquoi pas ?

— Peu importe, dis-je.

Je ne ressemble nullement à ces Barbie blondes qui travaillent pour lui. Ne voit-il donc pas que je suis le genre de fille à enfiler un jogging pour interviewer un milliardaire ? Je dois à tout prix quitter son bureau avant de me ridiculiser davantage.

— Voudriez-vous visiter l'immeuble ? Jeter un coup d'œil à mon donjon secret ? suggère-t-il.

—Impossible, dis-je fermement en rassemblant mes affaires et en éteignant mon enregistreur. Je travaille ce soir. Merci pour l'interview.

Il me tend la main droite.

—Tout le plaisir était pour moi, déclare-t-il en souriant.

Je lui serre la main, et reçois une nouvelle décharge. Il éclate de rire et me montre sa paume, révélant un vibrateur de farces et attrapes. Quel pitre !

—Bonne journée, mademoiselle Steal.

—Bonne journée à vous aussi, monsieur Grey, le salué-je en quittant la pièce.

Chapitre 3

Je partage un duplex à Portland avec Kathleen.
Ses parents le lui ont acheté quand elle a commencé la fac il y
a plus de vingt ans et, pour autant que je sache, ils imaginent
toujours qu'elle va à l'école. Kathleen, elle, prétend «faire
un break». Même si je dois supporter ses excès d'alcool,
l'appartement m'a au moins épargné la honte d'habiter dans
une cité U bon marché. Alors que je fais rouler mon vélo dans
notre allée, je me lamente intérieurement. Kathleen va exiger
les moindres détails concernant ce jeune et charmant P.D.G.
Je vais bien sûr lui donner l'enregistrement, mais vais-je lui
révéler qu'il m'a pratiquement fait l'amour avec les yeux
pendant près d'une heure? Je préfère garder ça pour moi.

Dès que je franchis la porte, elle bondit du canapé et se
rue sur moi, me plaquant au sol pour me lécher le visage.

Parfois, elle ressemble vraiment à un gros chiot de soixante kilos. Disons soixante-dix, car ce nouveau régime à base d'alcool et de spaghettis micro-ondables qu'elle suit depuis trois semaines semble avoir sur elle un effet néfaste. Je la repousse des deux mains, et nous nous relevons.

—Je m'inquiétais pour toi, déclare-t-elle.

—Pourquoi? demandé-je, étonnée.

Parce que tu m'as envoyée chez mère-grand alors que tu savais depuis le début que le grand méchant loup s'y trouvait?

—Je craignais que tu ne trouves pas Seattle. Je sais qu'il t'arrive de te perdre en allant aux toilettes.

Elle fait allusion à la fois où je me suis accroupie dans la cuisine pour faire pipi. Mais ça ne s'est produit qu'une seule fois, et j'avais pris des champis.

—Eh bien, tu vois, je ne me suis pas perdue, répliqué-je en lui lançant le dictaphone.

Nous nous asseyons sur le canapé. Kathleen baisse le son de son marathon *16 Ans et enceinte*. Franchement, elle n'a rien de mieux à regarder, genre *Bienvenue à Jersey Shore*?

—Bon, crache le morceau, reprend-elle. À quoi ressemble ce tristement célèbre M. Grey?

—Tu ne m'avais pas précisé qu'il était si jeune. Quel âge a-t-il?

—Vingt-sept ans.

—Il est sympa. Comme Mark Zuckerberg, mais en moins autiste. Il a beau porter un costume, il a un sens de l'humour bien particulier.

—Dis-moi juste une chose : est-ce qu'il est hétéro ? Il a flirté avec toi ?

—Oh, je ne suis pas sûre d'être le genre de fille qui l'intéresse. À en juger par ses secrétaires, il préfère les grandes blondes sculpturales.

—J'ai les cheveux blonds, intervient Kathleen. Et je sais faire la statue.

Elle pince les lèvres et retient sa respiration. Je dois bien reconnaître qu'elle a effectivement l'air d'une sculpture, avec son teint grisâtre et ses yeux dénués d'expression.

—Comment te sens-tu ? lui demandé-je.

—Mieux, répond Kathleen en se détendant.

—Tant mieux. Je dois aller travailler.

—Je n'arrive pas à croire que tu bosses ce soir. Tu n'as pas des partiels à réviser ?

Si, j'ai effectivement des partiels – j'étais censée les potasser toute la journée en attendant d'aller travailler. Je la contemple d'un air incrédule.

—Désolée, fais comme si je n'avais rien dit, lance Kathleen avec dédain. On se fait quelques shots ? J'ai acheté du citron vert et je rêve de lécher le sel sur ta peau…

—C'est tentant, mais je suis déjà assez en retard.

—D'accord, tu ne sais pas ce que tu perds. À plus.

Je suis contente d'aller travailler, car cela me permet de cesser de rêvasser à Earl Grey. Mon boulot au *Wal-Mart* est mon premier et unique job à ce jour. J'y travaille depuis mon entrée à Washington State, il y a quatre ans. Quand je serai diplômée, je commencerai à chercher un «vrai» travail. Pour l'instant, je n'ai rien en vue, mais je ne suis pas du genre à m'inquiéter. Vu la situation économique, une jeune diplômée ne doit pas avoir trop de mal à se faire embaucher.

—Je suis tellement content que vous ayez pu venir aujourd'hui, me glisse mon patron tandis que j'enfile ma blouse bleue dans le vestiaire des employés.

L'été sera bientôt là, ce qui explique qu'il soit si heureux de me voir : nous avons des journées bien remplies, avec tous ces gens qui viennent acheter un nouveau barbecue. À croire que personne ne garde le sien d'une année sur l'autre. Pas en Amérique, en tout cas.

—Désolée, je suis en retard.

—Votre présence me suffit. Vous le savez, Anna : je suis toujours ravi de voir arriver une fille de vingt ans avec toutes ses dents.

Je lui souris.

—À propos, continue-t-il, quelqu'un a coulé un énorme bronze dans les toilettes des femmes, vous devez aller me nettoyer ça. Incroyable qu'un truc pareil puisse sortir d'un corps humain.

Je me dirige vers le petit coin armée d'un déboucheur à ventouse et de cisailles de jardinage, et je m'adonne entièrement à la tâche. Earl Grey est relayé au fin fond de mon esprit.

Je passe le reste de la semaine à travailler au *Wal-Mart* ou à réviser mes partiels. Dès que j'ai une minute à moi, je me mets à fantasmer sur le fait d'internaliser Earl Grey. Et par « internaliser », j'entends jouer à la bête à deux dos. Kathleen s'occupe de transcrire son interview et de préparer son profil pour *Boss et Canon*. Elle me remercie de m'être chargée de l'entretien et de m'être « sacrifiée pour la cause ». Oh, elle ignore à quel point je suis prête à me « sacrifier » pour la chose.

Le mercredi, j'appelle ma mère. Elle habite en Floride avec son sixième mari, un crétin dont j'oublie toujours le nom. Il me fait penser à Louis C.K., mais en moins drôle. Ils habitent dans un camp naturiste. J'ai traversé la campagne pour aller leur rendre visite une fois – une fois de trop.

— Comment se passent tes cours, Anna ?

— Pas trop mal, réponds-je d'un ton distrait.

— Anna ? On dirait que tu es tombée amoureuse d'un homme mystérieux et plus âgé que toi.

J'opte pour le mensonge.

— Ouais, c'est ça ! Comme si ce genre de truc pouvait m'arriver.

— Ma chérie, tu dois t'ouvrir un peu. Tu n'as jamais eu de petit ami. Ni de petite amie. Ni même de copain de baise.

— Merci de retourner le couteau dans la plaie, maman.

— Ce que je veux dire, c'est qu'il n'y a pas de mal à s'amuser un peu, poursuit-elle.

Elle a peut-être raison. Après tout, quelle meilleure conseillère en amour et en relations sentimentales qu'une femme mariée six fois ?

Après avoir raccroché, je cherche à contacter mon père. Il déteste bavarder au téléphone, mais j'aime bien l'enquiquiner un peu. Après quinze minutes d'un monologue incessant de ma part et de grognements étranges de la sienne, je me rends compte que ce n'est pas lui qui est au bout du fil : j'ai composé un faux numéro, et je discute avec un type bizarre en train de se préparer un sandwich. Je raccroche immédiatement. J'appellerai mon père une autre fois : j'ai besoin d'une bonne douche.

Je passe le reste de la soirée à faire mes devoirs. Après avoir gratté une allumette pour m'éclairer à la bougie, je m'assieds à mon bureau avec ma plume et mon parchemin, et je m'attaque à ma dissertation pour mon cours d'éthique sur la légalité de la fanfiction. Je termine à 1 heure du matin. Je mouche ma chandelle et m'écroule sur le lit, où je m'endors la tête pleine d'images des yeux gris d'Earl Grey veillant sur moi.

Le vendredi soir, la sonnette retentit alors que j'étudie et que Kathleen regarde *Wall Street*. Je me charge d'aller ouvrir. C'est mon meilleur ami appartenant à une minorité ethnique et culturelle, Jin !

— Entre, lui dis-je en le serrant dans mes bras.

Jin et moi sommes amis depuis notre première année, même si nous ne sommes jamais sortis ensemble. Lui aussi est en passe de décrocher son diplôme. Il est spécialisé en communication, même si personne ne sait au juste quelles portes cela va lui ouvrir après la fac. Comme moi, il ne connaît rien au monde réel.

Il a apporté une bouteille de Bud d'un litre.

— Bonne nouvelle, déclare-t-il. On vient de me nommer modérateur du forum ponyexpression.net.

Quand il n'est pas en cours ou qu'il ne fait pas ses devoirs, Jin passe son temps à lire et à écrire de la fanfiction dans l'univers de *Mon petit poney*. Il en est carrément fan. Qui aurait cru qu'il y avait tant de garçons amateurs de *Mon petit poney: l'amitié est magique*? Je pensais jusqu'à aujourd'hui que son obsession ne le mènerait nulle part, mais force est de constater que je me trompais.

— Félicitations! lui dis-je en l'étreignant de nouveau. Tu vas être payé combien?

Il s'éclaircit la voix.

— C'est, euh… des cacahuètes.

Il a de la chance que ses parents acceptent de régler ses factures jusqu'à la fin de ses études.

— Oh. Au moins, tu peux les manger, il suffit d'enlever la coquille. À moins qu'elles ne soient déjà décortiquées? Auquel cas, tu peux les manger sans plus attendre.

Kathleen félicite Jin en levant les deux pouces, sans toutefois bouger du canapé. Elle se sent mal, mais ça n'a rien de surprenant.

—Bref, je vous ai apporté une bonne bière pour fêter ça, bande de connasses.

Il nous appelle toujours « bande de connasses », mais tout le monde sait que Kathleen est la seule c... à vivre ici.

Même si Jin et moi sommes seulement amis, je suis à peu près sûre qu'il voudrait qu'on soit plus que ça. Mais ce n'est pas ainsi que je me l'imagine : pour moi, il est comme un frère né d'une autre mère. Il a essayé de m'embrasser plus d'une fois, mais j'ai toujours repoussé ses avances. Maman et Kathleen se moquent tout le temps de moi parce que je refuse de m'enfiler un os, mais c'est faux : il y a un os que je m'enfilerais bien, et il est attaché au corps de M. Earl Grey...

Jin dévisse le bouchon et remplit trois énormes gobelets en plastique rouge. Je remarque alors sa peau hâlée, ses cheveux bruns soigneusement coupés et ses muscles saillants qu'on voit rouler sous sa peau. Il lève les yeux vers moi, tout sourire. Je lui souris en retour, faiblement, me demandant s'il cessera un jour d'essayer de poser sur moi ses mains avides. Sans doute pas : Jin est la troisième roue d'un tandem conçu pour deux personnes – Anna Steal et Earl Grey.

Chapitre 4

Le samedi, je travaille au *Wal-Mart* huit heures d'affilée. Mon patron me met à la caisse toute la journée. Rien ne me motive plus à décrocher mon diplôme que la perspective de bosser ici pour le restant de mes jours.

Après quatre heures passées à biper et à ensacher couches et cigarettes, je suis dans un état second et je ne me rends même pas compte que le client devant moi n'est autre qu'Earl Grey! Il porte un survêt en velours gris qui met ses yeux en valeur. Je n'imaginais pas qu'il puisse paraître plus désirable encore que dans son costume, mais je n'ai qu'un mot à dire: miam.

—Bonjour, mademoiselle Steal, me lance-t-il en me fixant fixement de ses prunelles grises et fixes.

—Monsieur Grey!

Il fait glisser vers moi un CD de Nickelback, que je passe sous la douchette.

— Comme par hasard, j'étais dans le coin et vous aussi, reprend-il. Quelle agréable surprise !

— Avez-vous… euh… trouvé tout ce que vous cherchiez ? marmonné-je en mettant le disque dans un sac.

Earl Grey me sourit encore comme le grand méchant loup qui voudrait me bouffer. Et bon sang j'ai vraiment envie qu'il me bouffe la…

— En fait, non, répond-il en interrompant mon monologue intérieur. Je n'ai pas réussi à mettre la main sur certains articles. Vous pourriez peut-être m'aider ?

Sa voix est aussi craquante qu'un Sunday aux Smarties, ce qui me vaut une absence soudaine.

Je secoue la tête pour me remettre les idées en place. L'une d'elles m'apparaît soudain comme sur l'écran d'une boule magique.

— C'est bien parti, déclaré-je.

— Je vous demande pardon ?

— Je veux dire, oui. Bien sûr que je peux vous aider.

Une queue d'une quinzaine de personnes s'est formée derrière lui, mais comment résister à cette voix ? Je ferme ma caisse. J'entends râler la demi-douzaine de clients alignés à sa suite, mais il y a trois autres caisses ouvertes. Et un seul et unique Earl Grey.

Il me tend sa liste, et je l'accompagne pour trouver ce qui lui manque. *Du chatterton ? Du film alimentaire ? Une scie à métaux? C'est qui, ce mec? Dexter?* Je dois déployer toutes mes facultés de concentration pour réussir à marcher vers le rayon du ruban adhésif. *Pied gauche, pied droit, pied gauche…, pied droit?*

— Mince, on a oublié votre CD, lui dis-je.

Il fait un large geste de la main.

— De toute façon, j'ai déjà cet album en dix exemplaires à la maison, répond-il.

Ce type jette l'argent par les fenêtres comme un singe balance ses excréments.

— Alors, qu'est-ce que vous faites à Portland? Vous êtes ici pour affaires? lui demandé-je.

— Pour le plaisir, répond-il.

Je sens aussitôt mon utérus s'échauffer, se préparant à accueillir nos bébés.

Je m'immobilise.

— Voici le rayon du Scotch.

— Merci, mademoiselle Steal.

Il choisit la marque la plus chère, qui s'élève à 3,99 dollars le rouleau. Ce type est un vrai flambeur.

— Je constate que vous avez les bourses pleines.

— Ça vous impressionne, mademoiselle Steal?

Je rougis.

— Je n'avais encore jamais rencontré quelqu'un d'aussi bien pourvu. Désolée, c'était maladroit.

— Ce n'est rien, m'assure-t-il en souriant. C'est vrai, n'est-ce pas?

—Quoi donc?

—Que j'ai beaucoup d'argent.

J'acquiesce.

—Je peux vous demander ce que vous faites au *Wal-Mart*? Enfin, vous pourriez vous permettre de faire vos courses n'importe où.

Il rit.

—Oh, mademoiselle Steal! J'adore votre honnêteté. C'est tellement rafraîchissant. Les femmes que je rencontre habituellement sont flagorneuses jusqu'à l'écœurement. Pas vous.

—Je prends ça pour un compliment.

—Vous faites bien. Et pour répondre à votre question: pourquoi l'un des hommes les plus riches du monde viendrait-il faire ses courses au *Wal-Mart*? Pour commencer, *Wal-Mart* pratique les prix les plus bas du marché.

Je ne tiens pas à l'offenser, mais autant lui dire ce que je pense.

—C'est juste un peu… bas de gamme. Si j'avais autant d'argent que vous, je ferais mes courses chez *Trader Joe's*.

—Je ne suis pas un milliardaire comme les autres, déclare-t-il.

Je souris.

—Oh non, certainement pas, monsieur Grey.

Il m'adresse ce sourire narquois qui n'appartient qu'à lui.

—Votre doigt n'a rien à faire dans votre nez, mademoiselle Steal.

—Désolée, dis-je en retirant mon index.

— Pas de souci, m'affirme Earl. Ça vous dirait de prendre un café ?

Mon cœur bat la chamade, faisant affluer le sang jusqu'à mes organes (car c'est là le rôle du cœur). Earl Grey me proposerait-il de sortir avec lui ?

— Quand ?

— Maintenant.

— Je ne finis qu'à 18 heures, gémis-je d'un air abattu.

— Attendez.

Il sort un BlackBerry de sa poche de pantalon et appuie sur les touches. Le téléphone se met à vibrer, et Earl tapote un nouveau message avant de le ranger.

— Voilà. Vous pouvez prendre votre après-midi.

— Nous sommes bien trop occupés les samedis. C'est impossible, mon patron me tuerait, précisé-je.

— Maintenant, c'est moi votre patron, mademoiselle Steal.

— Comment ça ?

Il me sourit derechef, cette fois-ci en dévoilant toutes ses dents.

— Je viens d'acheter *Wal-Mart*, explique-t-il.

— La société tout entière ? Juste pour me permettre de prendre un café avec vous ?

— Oui, mademoiselle Steal. À présent, veuillez ôter cette horrible blouse bleue, et suivez-moi.

Il est si sûr de lui et vigoureux, si différent de tous les petits amis que j'ai jamais eus. Enfin, il n'est pas mon petit ami, et, d'ailleurs, je n'en ai jamais eu, mais vous voyez ce que je veux dire, non ? Comme un homme des cavernes incroyablement riche. *Moi vouloir Anna !*

—Et votre liste ? l'interrogé-je.

—Laissez tomber. Je demanderai à l'une de mes assistantes de s'en charger.

—Euh… monsieur Grey, je ne sais pas quoi dire.

—Alors, dites oui.

Il me sourit encore de son sourire si souriant, exhibant toutes ses dents bien alignées. J'aimerais tellement faire courir ma langue dessus…

—Oui ! Oui, oui, oui – oh oui, monsieur Grey ! m'écrié-je en me débarrassant de ma blouse.

Elle atterrit sur le visage d'une cliente en fauteuil électrique, qui perd le contrôle de son véhicule et emboutit un étalage de parfum à l'effigie de Katy Perry. Je me couvre le nez de ma chemise pour survivre aux vapeurs nauséabondes. Soudain, le *Wal-Mart* se met à empester comme une lolita de concours. Earl m'entraîne dehors avant l'arrivée de l'équipe de décontamination.

Chapitre 5

L'HÉLICOPTÈRE D'EARL GREY NOUS ATTEND SUR LE parking du *Wal-Mart*.

—Où est le pilote ? lui demandé-je.

—Mais juste là, bébé, répond-il en pointant deux pouces vers sa poitrine.

Pour la première fois aujourd'hui, je laisse mes yeux vagabonder sur son corps. La bosse qui déforme la jambe de son pantalon est on ne peut plus remarquable. J'en avise alors une autre, identique, de l'autre côté. Soit il a une banane dans chaque poche, soit il est vraiment content de me voir.

Nous montons dans le cockpit, et il prend le contrôle des commandes de contrôle en homme de contrôle qu'il est. Il me décoche une fois de plus son fameux sourire, celui qui me fait inonder mon jogging.

—Je n'étais encore jamais montée dans un hélicoptère, dis-je alors que les pales se mettent à tourner
au-dessus de nos têtes. Bon sang, je ne suis même jamais
montée dans un avion. Tout ça est tellement excitant,
monsieur Grey!

—Vous n'avez encore rien vu, Anna, déclare-t-il. *(C'est la*
première fois qu'il m'appelle par mon prénom. Déliiiiice.) Vous
connaissez Le Club du Septième Ciel?

Je secoue la tête.

—Une sorte de club de loisirs réservé aux pilotes?

—Plus ou moins, répond-il avec un sourire narquois.

Nous avons décollé et grimpons en flèche au-dessus du
parking avant que j'aie le temps de dire ouf. Les gens sont
si petits vus d'en haut… On dirait des fourmis. Sauf qu'ils
portent des vêtements et qu'il leur manque quatre pattes.
Incroyable! Je suis dans un hélicoptère en compagnie d'Earl
Grey, le plus canonissime des mecs les plus canon sur terre.
Et désormais le plus canonissime des mecs les plus canon
dans les airs! Je scrute l'horizon et aperçois au loin la Space
Needle de Seattle. Nous volons si haut, et le soleil brille
si fort…

—Earl! m'écrié-je.

—Quoi? hurle-t-il en retour pour couvrir le mugissement
des pales impressionnantes de l'hélicoptère.

—Attention au soleil!

—Quoi?

—J'ai dit : ATTENTION AU SOLEIL ! (Il m'adresse un regard interrogateur.) Mais enfin ! Je n'ai pas mis de crème, expliqué-je.

Il secoue la tête.

—Laissez tomber, marmonné-je.

Il sait sans doute à quelle distance on peut s'en approcher sans risquer de coups de soleil. Du moins, je l'espère.

Alors que nous entamons notre descente, j'ai des papillons plein le ventre. Je ferme la bouche, car je ne voudrais pas faire ma Kathleen et salir son bel hélico. Il se pose au *Starbucks* en face du *Wal-Mart*.

—Nous y sommes, annonce Earl d'un air pernicieusement séducteur.

A priori, on n'imagine pas que quelqu'un puisse dire : « Nous y sommes » d'un air pernicieusement séducteur, mais si vous l'aviez entendu le dire, vous seriez carrément d'accord avec moi. Il parle toujours d'un air pernicieusement séducteur.

Nous descendons de l'hélicoptère et, main dans la main, nous nous dirigeons jusqu'au *Starbucks*. Il n'a peut-être pas sa poignée de main électrique, mais le courant passe entre nous. Je fixe fixement son regard fixe fixant, telle une fillette fixant fixement le regard fixe d'un…

VLAN !

L'instant suivant, je me retrouve à plat dos sur le béton. Il tend la main pour m'aider à me relever.

— Tout va bien, bébé ?

— Je crois que oui, réponds-je alors qu'il me remet debout.

Je fixais juste vos yeux trop fixement et j'ai foncé dans la porte. Crétine !

Earl m'ouvre le battant, et cette fois-ci je passe la porte sans me la prendre en pleine figure.

— Allez nous chercher une table, je m'occupe des boissons, ordonne-t-il.

Un autre sourire narquois ! La seule fois où j'ai vu quelqu'un sourire autant, c'était quand Kathleen et moi étions sous ecsta.

— Qu'est-ce que vous prenez ?

— Du thé, s'il vous plaît.

— Pas de café ?

— J'en bois parfois, mais celui du *Starbucks* a un goût de fond de culotte.

— En réalité, il n'a pas du tout un goût de fond de culotte, Anna.

— Parce que vous savez quel goût a un fond de culotte ?

Il éclate de rire.

— C'est mon petit secret…, à vous de le découvrir.

Je ne suis pas sûre d'y tenir vraiment, mais peu importe.

Il se dirige vers le comptoir, puis s'immobilise.

— Je ne vous ai pas demandé quel genre de thé vous vouliez, dit-il.

— N'est-ce pas évident ? *(C'est désormais à moi d'arborer un sourire narquois.)* Du Earl Grey. Bien chaud.

Il sourit et s'approche de la caisse enregistreuse tandis que je m'installe à une table libre. À présent que je suis solidement assise, je n'ai plus à m'inquiéter de rentrer dans une porte à force de loucher sur lui. Je l'observe passer commande ; on dirait qu'il a fait ça toute sa vie. Il est grand, musclé, et il a des épaules si larges qu'elles donnent envie de s'y jucher le temps d'une balade. Je le regarde sortir sa carte de crédit de son portefeuille à l'aide de ses doigts interminables, qui semblent plus longs encore que ses avant-bras.

Quelques minutes plus tard, il rapporte mon Earl Grey et son café à notre table. « Notre » table ! Je n'arrive pas à croire que je nous imagine déjà en couple. À quoi ressembleront nos bébés ? Auront-ils des doigts aussi interminables que les siens ?

—Votre thé, Anna, dit-il. Puis-je avoir l'audace de vous demander pourquoi vous buvez du Earl Grey ?

Je secoue la tête.

—J'aime que mon thé soit à l'image des hommes que j'aime, expliqué-je.

J'aime qu'ils s'appellent comme mon thé. Consciente du côté trop direct de cette approche, je précise donc :

—Noir.

Perplexe, il hausse un sourcil.

—Enfin, je n'aime pas exclusivement les hommes noirs. J'aime aussi d'autres sortes de thé. Et d'hommes.

—Avez-vous déjà testé… le thé blanc, Anna ?

Oh là là.

—Je n'en ai jamais entendu parler.

—Il s'agit d'un thé légèrement oxydé qui est cultivé presque exclusivement en Chine, essentiellement dans la province du Fujian, dit-il. Le thé blanc provient des bourgeons les plus délicats et des feuilles les plus jeunes du *Camellia sinensis*, un arbuste local. Ces bourgeons et ces feuilles sont ensuite séchés au soleil puis très légèrement traités pour éviter l'oxydation.

Waouh.

—Et d'où vient le nom de thé blanc ?

—Du léger duvet argenté qui orne les bourgeons encore fermés du théier, et qui confère à la plante une apparence blanchâtre, répond-il en sirotant son café.

—Comment savez-vous tout cela ?

Il sort son BlackBerry, ouvre une application et me le tend. Le navigateur Internet est ouvert sur l'article « Thé blanc » de Wikipédia. J'en lis quelques lignes, et me rends compte qu'il vient de me le citer mot pour mot.

—Vous vous êtes servi de Wikipédia ! Même moi, je sais qu'il ne faut pas le faire ! Nos professeurs nous mettent toujours en garde en nous précisant que c'est une source d'information peu fiable.

—Vos professeurs sont des imbéciles, Anna.

—Alors vous n'avez pas récité cet article mot à mot ?

—À votre avis, qui l'a rédigé, Anna ?

Waouh. Ce type écrit pour Internet !

Earl récupère son BlackBerry et le fourre dans la poche de son survêt en velours. Il sirote son café.

— Pourquoi m'avez-vous invitée à sortir, monsieur Grey ? Il me semble que je ne suis pas votre genre de femmes.

Earl Grey hausse un sourcil.

— Et comment connaîtriez-vous mon genre de femmes, Anna ?

Je hausse les épaules.

— Je vois à quoi ressemblent celles que vous recrutez : grandes, blondes, bien habillées…

— Et donc, en vous fondant sur quelques réceptionnistes grandes et blondes, parmi le milliard d'employés qui travaillent pour moi, vous en avez déduit que j'avais un faible pour ce genre de femmes ?

— J'admets avoir peut-être un peu généralisé.

— Vous ne devriez pas tirer de conclusions hâtives, me sermonne-t-il. Par exemple, si j'avais supposé que Jin était votre petit ami, je ne vous aurais peut-être pas proposé de sortir aujourd'hui.

— Comment connaissez-vous Jin ?

— J'ai fait installer un système de surveillance dans votre duplex, répond Earl.

Gasp.

— C'est un ami, rien de plus. Nous ne sommes jamais sortis ensemble ni rien.

— Bon à savoir, déclare Earl.

Je sirote mon thé. Il sort une banane de sa poche et entreprend de la peler de ses longs doigts.

— Vous en voulez ?

— Non merci, réponds-je.

Finalement, c'était bel et bien une banane.

— Est-ce que je vous intimide, Anna ?

— Pourquoi cette question ?

— Parce que vous semblez nerveuse, avec moi. Vous paraissiez bien plus détendue sur les vidéos de surveillance.

Je pousse un profond soupir.

— Oui, en effet. Je n'ai jamais eu de petit ami, et encore moins un P.D.G. multimilliardaire qui m'espionne, m'emmène faire une promenade à bord de son hélicoptère privé, me tient par la main et m'offre du thé.

— Vous êtes une énigme à mes yeux, bébé, dit-il en enfournant le bout de sa banane.

Je rougis.

— Oh, arrêtez !

— Non, c'est la vérité, insiste-t-il. J'ignore complètement ce qui peut se passer derrière votre joli petit minois…

— Pour être honnête, je n'en ai pas non plus la moindre idée, dis-je en contemplant la table pour éviter son puissant regard scrutateur. La plupart du temps, mon esprit déroule un incessant monologue intérieur à la première personne du présent. Comme si j'écrivais un roman en permanence, mais seulement dans ma tête. Un très mauvais roman.

—Vous avez des frères et sœurs?

—Non.

—J'en étais sûr. Nous sommes tous deux enfants uniques. Vous parents sont toujours ensemble?

—Non, ils sont…

—… divorcés? complète-t-il. Je m'en doutais aussi.

Je l'examine d'un air suspicieux.

—Vous êtes un homme étrange, monsieur Grey.

—Vous n'avez même pas idée! réplique-t-il en faisant un sort à sa banane.

—Alors pourquoi me soumettre à un interrogatoire?

—Vous m'avez interviewé. Pour ma part, je n'ai pas fini de vous… sonder, rétorque-t-il en sirotant son café.

—Allez sonder ailleurs! m'exclamé-je en essayant de choquer l'inébranlable Earl Grey.

J'y parviens, car il me crache accidentellement son café au visage. *Oh, mon Dieu!*

—Désolé, s'excuse-t-il en me tamponnant la figure à l'aide d'une serviette de table. On y va?

—Si vous voulez.

Nous sortons ensemble du *Starbucks*. Est-ce à dire que nous sortons ensemble? Tout ça est si soudain! Je lui demande s'il a une petite amie.

—Je ne suis pas du genre à avoir une petite amie, réplique-t-il.

D'accord. Ainsi, il n'est donc pas du genre à avoir une petite amie. Et il n'est pas gay. À moins que…? Il a dit qu'il n'était pas « gai », dans le sens « joyeux », mais il n'a jamais vraiment levé le voile sur son identité sexuelle. J'essaie de décrypter sa dernière phrase, mais les mots rebondissent entre les parois de mon crâne tels ceux d'une boule magique cassée, et la réponse refuse de faire surface.

Je monte sur le trottoir et trébuche sur un sans-abri, replongeant tête la première vers la route. Fichue maladresse !

— Attention, Anna ! s'écrie Earl Grey.

Il me tire des deux mains tandis qu'un bobo en monocycle passe en trombe à quelques centimètres de moi.

Quand je pense qu'il y a une minute je marchais avec insouciance et que, subitement, j'ai vu ma vie défiler devant moi… Comme mon existence n'est pas particulièrement intéressante, le diaporama a été douloureusement morne et heureusement court, mais quand même ! J'ai failli me faire écraser par un jeune type à la moustache en guidon. Et maintenant Earl Grey me berce dans ses bras, et j'ai l'impression de renaître. Comme si l'on m'offrait une seconde chance. Je renifle contre sa manche et perçois son odeur virile : du gel douche Fraîcheur Coco-Citron de chez Body Shop. 12,50 dollars la bouteille. Ce mec sait vraiment prendre soin de lui.

— Mon Dieu, Anna ! s'exclame-t-il. J'ai failli vous perdre.

Il me retient de sa puissante étreinte. Je ne me suis encore jamais sentie autant en sécurité.

— Ne me lâchez jamais, le supplié-je, absorbée dans la contemplation de ses sublimes yeux gris.

—Cela pourrait se révéler problématique, constate-t-il. Et si j'ai besoin de faire pipi? Et si vous avez besoin de faire pipi?

—Je m'en fiche.

—Et si j'ai une importante réunion d'affaires, que je vous tiens encore et que nous sommes tous deux couverts d'urine?

Je me mets à pleurer.

—Vous avez raison, finis-je par admettre en tournant la tête pour me dérober à son regard. Rien n'est éternel.

Pas même cet instant si parfait…

—Euh… excusez-moi? Vous pourriez vous décaler un peu? nous demande le sans-abri sur lequel nous avons trébuché.

Nous nous relevons, et Earl lui tend un billet de 100 000 dollars en guise d'excuses. L'autre détale sur-le-champ, comme le font souvent les SDF.

—C'était si généreux de votre part, monsieur Grey.

—Je sais me montrer généreux… quand il m'en prend l'envie.

Une forme de cruauté se tapit derrière chacun de ses mots.

J'ai envie qu'il me protège d'un autre bobo, qu'il m'étreigne puissamment, qu'il m'embrasse. *Embrasse-moi, vilain garçon!* Malheureusement, je n'aperçois à l'horizon ni bobo à monocycle prêt à se ruer sur moi, ni sans-abri susceptible de me faire trébucher.

—Anna, restez loin de moi, ordonne Earl en me tournant le dos.

Quoi ? Pourquoi dit-il ça ? Il commence à s'éloigner, puis me jette un regard par-dessus son épaule.

—Je sais me montrer généreux, mais il m'arrive également d'être très, très cruel, explique-t-il.

—Peu m'importe, répliqué-je.

—Anna... Bonne chance pour tout, ajoute-t-il après une brève hésitation.

Il grimpe dans son hélicoptère et s'envole.

Les larmes ruissellent désormais sur mon visage. Je présume que je vais devoir traverser à pied les cinquante mètres qui me séparent du parking du *Wal-Mart*...

Chapitre 6

Mon patron ne s'est même pas rendu compte que j'ai quitté le travail, je termine donc ma journée en avance. Je rentre tôt dans la soirée, et trouve Kathleen vautrée à sa place habituelle sur le canapé. Cette fois, elle regarde *Pretty Woman*.

— Qu'est-ce qui ne va pas, Anna ?

J'essaie de me réfugier rapidement dans ma chambre, mais elle me jette la télécommande à la figure et m'assomme à moitié.

— Aïe ! m'exclamé-je en me relevant.

— Réponds-moi. Pourquoi as-tu pleuré ?

— Pour rien, dis-je dans ma barbe.

— C'est à cause de lui, c'est ça ?

Je secoue la tête.

— Je ne vois pas du tout de qui tu parles.

—Oh, que si. Monsieur Longs Doigts. Monsieur le Titilleur d'Utérus.

Je soupire.

—D'accord. Tu as raison. J'étais au travail, et il est sorti de nulle part. Puis il a racheté la société, et maintenant… c'est mon patron. Enfin, je crois… C'est un peu confus. Bref, il m'a fait faire une balade romantique en hélicoptère jusqu'au *Starbucks*, et il connaît tant de choses sur le thé, et…

—Et quoi ?

— Il m'a sauvée d'une sorte de bobo à monocycle tout droit sorti d'un film des Marx Brothers.

—Et c'est tout ?

—Ensuite il m'a larguée, comme si cela ne signifiait rien à ses yeux.

—Avec sa tête de connard, on aurait dû se douter qu'il n'était qu'un connard !

—Je sais.

—Tu es trop bien pour lui, me rassure Kathleen.

J'éclate de rire.

—Trop bien pour M. Earl Grey ? Oh, n'en fais pas trop !

—Non, sérieux, insiste-t-elle. Tu es carrément bonne. Je te prendrais bien.

—Je crois que tu l'as déjà fait.

—Ah ouais.

—Bref, il faut que j'aille réviser, lui dis-je en la laissant à son film.

J'ouvre ma porte… et découvre l'homme le plus charmant du monde – Earl Grey – assis sur mon lit!

— Qu'est-ce que vous faites ici?

Quel parasite!

— Je pourrais vous retourner la question, réplique-t-il.

— J'habite ici.

— J'ai racheté le duplex aux parents de Kathleen cet après-midi même, m'explique-t-il. Je suis votre propriétaire, désormais. Donc, techniquement, j'habite ici moi aussi… J'ai entendu ce que vous avez dit dans le salon, ajoute-t-il après une brève hésitation.

— Je me doutais que vous écouteriez.

— Je suis désolé, dit-il. Je n'ai pas l'habitude de m'attacher aux femmes qui me plaisent.

Ah, ah! Donc les femmes lui plaisent.

— Tenez, dit-il en me tendant un paquet-cadeau aux couleurs de Noël.

— Ce n'est pas Noël, lui fais-je subtilement remarquer.

— Mon assistante n'a pas trouvé d'autre emballage. Ne vous en faites pas: je l'ai licenciée.

— Quelle assistante? L'une de vos Barbie?

Il me dévisage, légèrement surpris, puis reprend:

— Maintenant qu'on en parle, je ne sais plus très bien de qui il s'agissait. Je les virerai toutes en rentrant à Seattle, pour être sûr.

Quel homme! me susurre ma pétasse intérieure. Je lui intime de la fermer. J'accepte le cadeau et m'empresse de le déballer.

— Je suis censée réviser pour mes partiels.

— Plus maintenant, dit-il avec un sourire narquois.

— Comment ça… ?

— Eh bien, j'ai acheté Washington State.

— Mais c'est une université publique !

— Plus maintenant, reprend-il en s'esclaffant.

Cet homme dérangé et charmant a un de ces toupets !

— Inutile de passer vos examens : les cours sont annulés. Tout le monde sera diplômé avec mention.

Gasp.

— Ouvrez donc votre cadeau, Anna.

— D'accord, acquiescé-je en ôtant l'ultime pan d'emballage qui dissimulait encore un livre broché protégé par un tissu.

Je suis trop jeune pour avoir connu les livres en papier, mais Kathleen en a des étagères pleines. Je l'ouvre à la page de titre : *Ça, c'est Shore*, de Nicole « Snooki » Polizzi.

— C'est le premier roman de Snooki. En édition originale, précise Earl.

— Comment saviez-vous que j'étais fan de *Bienvenue à Jersey Shore* ?

— Disons que j'ai eu une intuition, répond-il en observant la demi-douzaine de posters de *Bienvenue à Jersey Shore* qui ornent les murs de ma chambre.

— Ce livre coûte une fortune. Je ne peux pas accepter.

— Il le faut, insiste-t-il. S'il vous plaît.

C'est trop. Je suis submergée. D'abord, il rachète *Wal-Mart*.
Puis l'appartement. Puis mon école. Et maintenant, ça…
C'est vraiment la goutte d'eau qui met le feu aux poudres. J'ai
l'impression qu'il essaie de m'acheter, moi.

Je lui envoie le livre en pleine figure, et il le rattrape au vol.

—Je ne suis pas à vendre, lui dis-je.

—Anna…

Je ne lui laisse pas le temps de me servir je ne sais quelle
excuse. Je me précipite hors de la chambre et attrape Kathleen
par le poignet.

—J'ai besoin d'un verre, dis-je en la giflant pour la réveiller
avant de la traîner hors du canapé.

—J'ai cru que tu ne me le proposerais jamais! bredouille-
t-elle en réponse.

Nous quittons notre duplex et notre nouveau propriétaire.
Ce bel homme immensément riche a le don d'être insupportable.

Kathleen et moi sifflons des cocktails Jägermeister-
Red Bull à *L'Éclipse*, notre bar fétiche dans les environs de la
fac. L'établissement est si bruyant que la musique couvre mon
monologue intérieur et que je n'ai pas à entendre à quel point
Earl Grey est attirant et désirable. Kathleen a appelé Jin dès
notre départ, et il nous a rejointes avec son tee-shirt moulant
Mon petit poney, celui qui met si bien en valeur ses pectoraux.

—On t'a dit qu'on déménageait à Seattle? demandé-je
à Jin.

—*Dios mío*, répond-il. C'est la première fois que vous évoquez…

—Eh bien, c'est désormais officiel. On part dans quinze jours, après la remise des diplômes. Ou plus tôt, vu que les cours sont annulés. On a pris la décision en route.

Jin secoue la tête.

—Amusez-vous bien, déclare-t-il.

Je n'arrive pas à savoir s'il est content pour nous ou simplement jaloux. Sans doute jaloux, car Seattle est une ville bien plus cool que Portland, notamment parce que les immeubles là-bas sont en verre et en métal, et non pas en tourbe. En plus, c'est le berceau du grunge, et Kathleen est excitée comme une puce à l'idée de pouvoir enfin assister à un concert de Nirvana dans leur ville natale.

—Un autre cocktail ? me propose Jin en se dirigeant vers le comptoir.

—Tu veux me voir ramper ?

—Eh bien, si tu déménages, c'est peut-être ma dernière chance de te mettre dans mon lit.

Oh, mon Dieu, Jin est tellement drôle !

—Où est Kathleen ?

Il se retourne pour scruter la salle bondée. Il l'aperçoit, perchée sur son dos !

—Saluuuuuuuuut, bredouille-t-elle.

—Bon, descends de Jin. Je vais nous chercher une autre tournée à descendre.

— Je vais te décharger, ronronne Kathleen à son oreille.

Il sourit largement et me fait signe d'y aller.

Je titube jusqu'au bar. Combien de verres ai-je bus ? Trop, à mon avis. Je n'ai pas l'habitude de me saouler, mais, d'un autre côté, je n'ai pas non plus l'habitude qu'un P.D.G. milliardaire s'introduise dans ma chambre avec un cadeau hors de prix. Peu importe son allure : Anna Steal n'est pas à vendre. Elle ne se laissera acheter ni avec de l'argent ni avec des choses qu'on peut acheter avec de l'argent. Quand j'arrive au comptoir, ma pétasse intérieure effectue un salto arrière : le barman n'est autre qu'Earl Grey !

— Vous êtes ivre, Anna, constate-t-il en agitant un Martini.

— Dites-moi plutôt quelque chose que j'ignore, répliqué-je.

— Vous êtes incroyablement belle.

Je rougis.

— Laissez-moi deviner : vous avez également acheté ce bar ?

Il secoue la tête.

— Oh, Anna, dit-il en fouillant mon âme de ses yeux gris pour venir fesser gentiment ma pétasse intérieure. Pour votre gouverne, cet établissement ne m'appartient pas. Je suis simplement barman à temps partiel. C'est l'un de mes nombreux loisirs. Je suis tombé amoureux du métier après avoir vu le film *Cocktail*.

— Connais pas.

— *Cocktail* ? Avec Tom Cruise ?

Je secoue la tête.

—Je ne sais même pas qui c'est. Désolée.

Il éclate de son rire malicieux et tend le Martini qu'il vient de préparer à ma voisine de gauche. Il l'encaisse.

—Vous êtes hilarante, Anna. Votre sens de l'humour est sans limites.

—Si vous bossez vraiment ici à temps partiel, pouvez-vous m'expliquer pourquoi je ne vous y avais encore jamais vu ?

—Généralement, je travaille dans une petite boîte de Seattle, mais, ce soir, je remplace un ami malade. Vous savez ce que c'est…

Il me décoche son fameux sourire narquois. Je préfère couper court.

—Bref. Je vais prendre trois Jägerbombs.

—Je suis navré, Anna. Je vous ramène chez vous. Vous êtes ivre.

—Kathleen ou Jin me raccompagneront.

—Ils sont aussi saouls que vous, objecte-t-il. Je refuse de courir ce risque. Vous comptez bien trop pour moi.

—Mais eux, vous les laisserez rentrer bourrés ?

—Ouais, répond-il. Je ne m'en fais pas pour eux ni pour qui que ce soit d'autre sur la route. La seule personne qui me préoccupe vraiment en ce bas monde, c'est vous, Anna.

Que ça fait plaisir à entendre ! Avec lui, j'ai l'impression d'être la seule qui compte. On ne m'avait encore jamais mise sur un piédestal.

— Nous partons sur-le-champ, déclare-t-il.

J'espère qu'il n'a pas l'intention de m'emmener en hélicoptère. Cette fois-ci, je suis vraiment sûre de dégueuler.

— Laissez-moi au moins prévenir Kathleen et Jin.

Earl Grey bondit par-dessus le comptoir et me saisit par le bras.

— Oubliez-les.

— Quoi, vous allez les acheter pour les faire disparaître, c'est ça ?

— Quand vous me regardez, vous devez voir une montagne d'argent. Je me trompe ?

Quand je regarde Earl Grey, je ne vois pas une montagne d'argent, mais une multitude de trucs qui me font trop envie. La pièce commence à tourner…

Earl me hisse sur son épaule et m'entraîne vers la sortie.

— Kathleeeeeeeen ! hurlé-je.

Nous nous immobilisons. Je jette un coup d'œil en arrière et comprends pourquoi Earl s'est arrêté : Jin. Nous sommes au milieu de la piste de danse, et les danseurs nous encerclent.

— Posez la fille, ordonne Jin.

— Elle est ivre, je la ramène chez elle, réplique Earl Grey.

— Je ne peux pas vous laisser faire ça.

— Et qui va m'en empêcher ? Vous ? Un fan de *Mon petit poney* du haut de ses vingt et un ans ?

Jin confirme d'un hochement de tête.

— Bien vu, l'aveugle.

Earl me pose par terre. J'essaie de leur crier de ne pas se battre pour moi, que je suis assez ivre pour les sucer tous les deux dans les toilettes. Malheureusement, ma voix s'est volatilisée. Où l'ai-je rangée ? Je n'ai pas le temps de la chercher, car le duel du siècle est sur le point de commencer – avec, au cœur de la dispute, la discrète Anna Steal !

—Alors, comment voulez-vous régler ça ? À *Guitar Hero* ? propose Earl Grey en retroussant ses manches.

La piste de danse est désormais complètement déserte, et le DJ coupe la musique.

—Vous êtes sérieux ? Vous vous croyez en quoi ? 2008 ? rétorque Jin. Vous avez trop regardé *Gossip Girl*.

—Peut-être bien, ricane Earl. Alors, que proposez-vous ? On se fait un soixante-neuf sur la piste de danse, et le premier qui arrive à faire jouir l'autre a gagné ?

Jin secoue la tête.

—Vous êtes très marrant… pour un branleur de richard.

—Et si vous veniez me dire ça en face ?

—C'est ce que je viens de faire, réplique Jin.

—En effet.

—Bon, fini la rigolade, déclare Jin en s'approchant à quelques centimètres d'Earl Grey. Il n'y a qu'un moyen de régler cette affaire au beau milieu d'une piste de danse…

—Une danse à mort, l'interrompt Earl Grey.

—En fait, je pensais plutôt à un combat à mains nues.

—Ça marche aussi, admet le milliardaire.

Kathleen titube jusqu'à moi et passe un bras autour de mes épaules. Elle est visiblement aussi bourrée que moi, et incapable d'intervenir.

Jin serre les poings et vient placer ses orteils tout contre ceux d'Earl Grey. Ils sont si proches qu'ils pourraient s'embrasser. *Voilà qui devient intéressant…*

Earl plonge la main dans sa poche et en extrait un billet à l'effigie de Benjamin Franklin.

—Cent dollars! annonce-t-il en l'agitant sous le nez de Jin.

—Pour quoi faire? s'enquiert celui-ci.

—Cent dollars pour que vous vous frappiez, explique Earl Grey.

—Vous rigolez?

Earl rouvre son portefeuille. Il range son billet de 100 et en sort un de 1 000.

—Mille dollars pour que vous vous frappiez!

—Vous pensez pouvoir m'acheter? Jamais! s'écrie Jin en faisant voleter le billet du revers de la main.

Les badauds poussent des «oooh» de surprise quand le billet atterrit sur le sol.

Earl, imperturbable, plonge de nouveau la main dans son portefeuille et en retire un autre billet, à l'effigie de Mitt Romney, cette fois.

—Un million de dollars, propose-t-il en le brandissant entre eux. Un million de dollars pour que vous vous donniez un coup de poing… dans les couilles.

Gasp.

Jin baisse la tête. Impossible de refuser une telle offre. Se battre pour une fille est une chose, 1 million de dollars en est une autre. Il m'observe du coin de l'œil.

— Ne fais pas l'idiot, Jin, lui chuchoté-je d'une voix rauque, ayant retrouvé l'usage de la parole en une fraction de seconde.

— D'accord, marmonne Jin.

— Pardon ? Je n'ai pas entendu, prétend Earl en souriant.

Bien sûr qu'il l'a entendu : tout le monde dans *L'Éclipse* l'a entendu. La salle est tellement silencieuse qu'on entendrait une mouche baiser.

— J'ai dit : « D'accord. » Je vais le faire.

Jin arrache le billet d'1 million à la main tendue d'Earl et le fourre dans sa poche de jean.

— Donnez-m'en pour mon argent, exige Earl en reculant pour lui laisser de la place.

Jin lève la main droite et serre les doigts. Il ferme les yeux et chuchote une prière à voix basse.

Je ne peux pas le regarder s'humilier publiquement de la sorte. Je ferme les yeux. Kathleen me serre fort contre elle. Dans la foule, tous les hommes retiennent leur souffle. Puis je perçois un bruit sourd, comme un petit lapereau enfermé dans un sac auquel on donnerait un coup de maillet… et plus rien.

Le DJ lance une musique douce en fond sonore, et la foule se disperse. Je rouvre les yeux. Quelques étudiants se sont réunis autour d'une femme qui s'est évanouie en voyant Jin se taper dans les couilles. Jin gît en position fœtale au milieu de la piste de danse, les mains en coupe autour de son entrejambe. Il est tout seul. Si je n'étais pas si saoule, je me précipiterais vers lui pour le consoler. Mais, dans l'état actuel des choses, je lui vomirais sans doute dessus, ce qui ne me semble pas approprié.

Earl Grey me tend la main.

—On y va?

Kathleen ramasse le billet de 1 000 dollars tombé par terre et me murmure à l'oreille de ne pas l'accompagner, mais je la repousse brusquement. Earl Grey s'est battu pour moi, et ce soir je suis comme la surprise au fond de sa boîte de céréales.

Je me sens propulsée jusqu'à son épaule, puis tout devient noir...

Chapitre 7

TOUT EST SILENCIEUX. J'OUVRE LENTEMENT LES YEUX, et j'ai l'impression de renaître de nouveau. La chambre est grande et luxueuse. Je suis tout habillée au beau milieu d'un lit incroyablement gigantesque. Les draps sont plus confortables que tout ce sur quoi j'ai pu dormir jusqu'à présent – ça doit être du satin, voire de la soie.

J'entends qu'on frappe à la porte.

— Oui ? dis-je d'une voix faible.

La porte s'ouvre sur Earl Grey. Au lieu de son habituel costard-cravate à smileys, il ne porte rien d'autre qu'un string argenté et des Crocs rose vif. Ses cheveux sont lissés en arrière. *Oh, mince, M. Grey...*

— Bonjour, Anna. Comment allez-vous ?

— Mieux qu'hier soir, dis-je en ayant retrouvé ma voix.

Il se tient dans l'embrasure de la porte et me laisse le reluquer en silence dans son chauffe-zizi argenté. Je n'arrive pas à croire que je me sois ridiculisée à ce point à *L'Éclipse*.

— Où suis-je? demandé-je.

— À l'hôtel le plus cher de Portland. Le *Holiday Inn*.

— Oh.

— Je viens de piquer une petite tête, m'explique-t-il. D'où ma tenue légère. J'espère que cela ne vous dérange pas?

Si ça me dérange? Au contraire, j'adore!

— Je croyais que vous deviez me ramener chez moi?

— C'est ce que je comptais faire, quand votre ami fan de *Mon petit poney* a piqué sa crise. Je ne pouvais pas prendre le risque de retourner dans votre duplex, où Jin et Kathleen auraient très bien pu revenir me chercher des noises.

— Kathleen est une vraie c…, mais elle n'avait rien à voir dans cette querelle, répliqué-je. Et Jin a tendance à se montrer un peu possessif.

— Jin est dangereux, affirme Earl. J'ai fait tout ce qui était en mon pouvoir pour désamorcer la situation.

— Je suis désolée que les choses aient dégénéré de la sorte. Je ne l'avais encore jamais vu si… assoiffé de sang.

— Raison de plus pour rester loin de lui. On croit connaître une personne, jusqu'au jour où elle devient complètement psychopathe et…

— Et quels sont vos secrets les plus inavouables, monsieur Grey?

Son sourire narquois réapparaît sur son visage.

— Je crois que vous le savez déjà, Anna.

Il a esquivé la question lors de notre première rencontre, et il utilise du gel douche hors de prix. En conséquence...

— Vous êtes gay, chuchoté-je.

— Quoi ?

— Désolée, je croyais que...

— Essayez encore, Anna. Dites-le. Dites-moi ce que vous avez sur le cœur. Vous connaissez mon secret le plus inavouable...

Son étrange liste de courses me revient en mémoire. Le chatterton, la corde...

— Vous êtes un tueur en série.

— Essayez encore ! s'exclame-t-il en levant les yeux au ciel.

D'accord. Nouvelle tentative. *Tu peux y arriver, Anna.* Il vit dans le luxe, isolé du reste du monde par sa fortune et sa position privilégiée ; seuls comptent à ses yeux ses propres sentiments...

— Vous êtes un chef d'entreprise !

Il lève les bras en l'air dans une attitude comique.

— Eh bien, c'est vrai, mais ça n'est pas un secret. Je suis Maître de Donjon, Anna.

Quoi ? Ma pétasse intérieure freine des quatre fers sur sa roue de hamster. Je n'ai pas la moindre idée de ce dont il parle.

— Et que fait au juste un Maître de Donjon ?

— Je suis dans le BDSM, explique-t-il.

— C'est un truc pour faire de l'exercice, comme la zumba ?

— Non, Anna, cela n'a rien à voir avec la zumba. Le BDSM est un jeu de rôle grandeur nature, avec des Bardes, des Dragons, de la Sorcellerie et de la Magie. Je joue avec des femmes dans mon donjon, et de temps en temps… ça chauffe un peu.

— Il n'y a pas la clim, dans votre donjon ?

Earl Grey pousse un soupir.

— Quand je dis que ça chauffe, c'est à propos de la tension sexuelle. Le BDSM est une vilaine manie. C'est sans doute pour ça qu'une gentille fille comme vous n'en a jamais entendu parler.

— Oh, S et M, comme dans la chanson de Rihanna. Celle qui parle de fouets et de chaînes.

— Comment ?

— Laissez tomber, réponds-je.

Earl Grey n'a que six ans de plus que moi, mais j'ai parfois l'impression qu'un fossé infranchissable nous sépare. C'est comme s'il était un vampire de cent quatre ans prisonnier d'un corps de vingt-sept.

— Vous êtes donc du genre pervers, fais-je remarquer. C'est ça votre secret le plus inavouable ?

— Vous ne mesurez pas l'étendue de ma perversion, réplique-t-il.

Je pense connaître déjà certaines de ses nuisances, comme ce CD de Nickelback qu'il a acheté. Est-ce que je tiens vraiment à découvrir les autres ? Veut-il m'entraîner au fond de son antre, dans les recoins obscurs de son esprit dérangé de multimilliardaire ? Je ne suis qu'une simple vierge... *Oh non !*

— Est-ce qu'on a fait des sandwichs ensemble, cette nuit ?

— Pardon ?

— C'est juste une façon détournée de vous demander si on l'a fait...

— Vous me demandez si nous avons couché ensemble, Anna ?

Il laisse la question en suspens quelques instants avant de trancher :

— Non.

— Ouf. Ça m'inquiétait, parce que je suis...

Oh, oh. Je ne peux tout de même pas avouer à Earl Grey que je suis vierge !

— J'ai les aisselles un peu douloureuses. Je vous en ai trop dévoilé. Pardon.

— Je ne trouve pas que vous en dévoiliez... assez, réplique-t-il d'un air lourd de sous-entendus, même si je ne comprends pas vraiment ce qu'il peut sous-entendre.

Il incline la tête de côté et pince les poignées d'amour de ma pétasse intérieure à l'aide de ses yeux gris.

— Bref, le service d'étage arrivera bientôt avec le petit-déjeuner, reprend-il. Si vous souhaitez vous brosser les dents ou prendre une douche, je vous laisse utiliser la salle de bains la première.

—Merci, dis-je en sortant du lit.

Waouh. Ma tête se met à tourner, et il me faut quelques secondes pour recouvrer l'équilibre. Earl Grey me contemple, plus amusé qu'inquiet. Je titube jusqu'à la salle de bains et ferme la porte.

J'ouvre le robinet de la douche et j'attends que l'eau se réchauffe avant de me déshabiller et de me glisser dessous. Au contact de l'eau qui ruisselle sur mon corps, je me libère peu à peu de ma gueule de bois. *J'aimerais tant qu'Earl Grey soit ici avec moi.* J'ai besoin de lui. Besoin de ses baisers, de ses longs doigts, de ses cheveux bruns lissés en arrière…

Pourquoi n'a-t-il pas abusé de moi durant la nuit? Il ne cesse de m'envoyer des signaux contradictoires.

Il m'offre du thé; il m'ordonne de rester loin de lui. Il me kidnappe presque dans un bar; il s'abstient de me violer dans sa suite.

J'ai passé la nuit à côté de lui, et il ne m'a pas touchée. Tandis que je me savonne à l'aide du gel douche bon marché et de piètre qualité de l'hôtel, j'imagine que c'est Earl Grey qui me frictionne…

On frappe à la porte.

—Petit-déjeuner! annonce-t-il.

—Merci, dis-je, soudain tirée de mon rêve éveillé.

Le petit-déjeuner consiste en une dizaine de plateaux répartis sur la table. Fidèle à lui-même, Earl Grey a commandé en double chaque article du menu. Il y a largement de quoi nous nourrir pour une semaine. Nous sommes tous deux nus sous notre peignoir d'hôtel ; nous n'aurions qu'à tendre le bras pour nous tripoter mutuellement.

— Pourquoi m'avez-vous offert le livre de Snooki ? demandé-je en engouffrant mon toast à la confiture de fraise nappé de Nutella.

— Parce que je peux me le permettre, réplique-t-il en gobant un œuf dur. Et parce que je m'en suis voulu de vous laisser retourner seule au *Wal-Mart*.

— Je suis une grande fille, déclaré-je en sirotant le jus d'hibiscus que je viens de me presser. Je sais me débrouiller.

Il dévore à pleines dents un cœur de chou chinois.

— Je n'en doute pas. Mais ça ne m'empêche pas de me faire du souci pour vous. Le monde n'est pas sûr. Vous devez être prudente.

J'enroule une portion de *spaghetti alla puttanesca* autour de ma fourchette.

— Dois-je aussi me montrer prudente avec vous ?

Il me contemple gravement, ses yeux gris pleins de gravité.

— Je vous l'ai déjà dit : il m'arrive d'être cruel, répond-il en brisant bruyamment une queue de homard, dont il extrait un morceau de chair pour le tremper dans du beurre frais fondu avant de l'aspirer goulûment.

—Alors pourquoi veiller sur moi ?

Je fais courir ma langue le long d'une queue d'asperge cuite.

—Peu importe ce que vous faites, peu importent mes efforts… Je n'arrive pas à rester loin de vous, conclut-il en épluchant une longue carotte, qu'il entreprend de turlutter durant trois bonnes minutes.

Tu as entendu ça, ma chérie ? s'exclame ma pétasse intérieure. *Earl Grey, le plus puissant gorille sur lequel tu aies jamais posé les yeux n'arrive pas à rester loin de toi.* Je plonge les yeux dans ma soupe aux œufs battus, espérant découvrir dans mon reflet ce qui semble tellement fasciner Earl Grey ; malheureusement, je ne découvre qu'une masse répugnante grouillant de filaments d'œuf. Je repousse mon bol.

—J'aimerais tremper mes œufs dans votre soupe, déclare-t-il en plantant une fraise au bout d'une fourchette à long manche qu'il immerge dans la casserole de chocolat fondu.

Je lève la tête vers lui et aperçois une fois de plus un air malicieusement malicieux sur son visage magnifiquement magnifique.

—Est-ce que vous me draguez, monsieur Grey ? le taquiné-je en versant un filet de vinaigre balsamique sur ma salade d'épinards.

Il glousse.

—Je rêve que vous me fassiez la même chose que dans la pub pour Magnum, réplique-t-il en léchant un bâtonnet glacé chocolat-vanille.

—Je prends ça pour un oui, dis-je en découpant une dinde dont je retire le gésier.

Earl déballe un McCôtelette, qui ne figure même pas sur les menus actuels du *McDo*. Il l'asperge copieusement de sauce barbecue et me demande :

—Avez-vous déjà travaillé dans un fast-food ?

Je secoue la tête.

—Dommage, commente-t-il en faisant glisser son McCôtelette avec un milk-shake à la menthe également absent du menu. J'aime bien les filles qui savent encaisser.

—Serait-ce une façon détournée de me proposer de jouer à ce jeu de BDSM coquin avec vous, monsieur Grey ?

Il pousse un profond soupir et repose son épi de maïs grillé.

—Pourriez-vous au moins feindre d'être choquée ? Si vous n'êtes pas le moins du monde outrée par la perversité de mes nuisances, cela retire tout le piment de notre relation.

—Je devrais donc être choquée par les vilaines choses que vous aimez infliger aux femmes ? Des abus sexuels à l'insu de leur plein gré, par exemple ? Ça, ce serait vraiment choquant.

—Non, rien à voir avec ça. En fait, mes partenaires sont d'accord. Je ne le fais que si cela leur plaît. Parfois, ça leur plaît même plus qu'à moi, pour être honnête.

—Mais vous leur faites vraiment mal ? C'est ça qui est choquant ?

—Non. Elles vont bien. Elles ont parfois une légère rougeur sur les fesses, mais cela disparaît au bout de quelques heures.

—Je ne comprends pas. Qu'est-ce qui est censé me choquer ?

—Anna, si vous êtes d'humeur joueuse, pourquoi tournons-nous autour du pot ?

—Je l'ignore. Je suis disposée à baiser depuis notre première rencontre.

—Dans ce cas, trêve de préliminaires…

Il balaie la nourriture de la table, par pur effet de style. Il sort un clairon de son peignoir et émet comme un long brame avant de se racler la gorge.

—Que la baise commence !

Chapitre 8

La bouche d'Earl Grey est sur moi dans l'instant. Ses bras remontent le long de mon peignoir tandis que sa langue se fraie un chemin entre mes lèvres. Nos bouches forment un joint hermétique, et nos langues se livrent une guerre sourde pour régner sur ce territoire. Sa langue est la langue dominante, je laisse donc retomber la mienne pour me soumettre totalement à celle d'Earl Grey. Pour la première fois de mon existence, j'ai trouvé un but à ma vie : servir de carpette à cet homme diablement riche, séduisant et irrésistible.

Soudain, il retire sa langue et me libère de son étreinte.

— Qu'est-ce qu'il y a ?

Il plisse les yeux.

— Nous n'aurions peut-être pas dû nous embrasser tout de suite après le repas. On dirait que vous avez avalé une gousse d'ail.

—C'est le cas.

Il soupire.

—Allez vous brosser les dents, je vous attends ici.

Je baisse les yeux et traîne des pieds jusqu'à la salle de bains. Je ferme la porte. Il n'y a qu'une brosse à dents près du lavabo, et elle appartient à Earl Grey. Je m'en saisis et en frotte les poils sur mes lèvres. Je tiens dans les mains un morceau d'Earl Grey de quinze centimètres. Je l'introduis dans ma bouche, et je bascule la tête de façon à pouvoir l'enfoncer au plus profond de ma gorge. *Mmmmm...* J'ai hâte de pouvoir en faire autant avec la...

—Vite, femme! lance-t-il depuis l'autre pièce, me faisant sursauter.

Je lâche la brosse dans le fond de mon œsophage. Quelle idiote! Ma pétasse intérieure lève les yeux au ciel. Je n'arrive plus à respirer. Je saisis ma gorge à deux mains et essaie de tousser, en vain. Je m'effondre sur le sol...

—Que se passe-t-il, là-dedans, Anna? s'inquiète Earl avec inquiétude.

J'essaie de lui répondre, mais je n'arrive pas à émettre autre chose que de la bave.

La porte s'ouvre à la volée, et Earl Grey apparaît soudain au-dessus de moi. Earl Grey, mon sauveur!

—Mon Dieu, Anna, que faites-vous par terre?

Je lui désigne ma gorge des deux mains. Earl, mesurant immédiatement la gravité de la situation, me hisse en position assise. Il s'agenouille à côté de moi et m'enveloppe de ses bras. Il entreprend une manœuvre de Heimlich, sans succès. Je ne tarde pas à perdre connaissance…

Il m'allonge sur le dos et fait basculer ma tête.

—Je ne peux pas vous perdre, Anna. C'est impossible!

Il enfonce ses longs doigts dans ma bouche, puis les en extrait avec précaution. Il tient la brosse à dents entre son index et son majeur d'une longueur vertigineuse. Je peux respirer de nouveau, et jamais bouffée d'air ne m'a paru plus agréable. Finalement, l'oxygène est comme la télé câblée: on ne l'apprécie vraiment que quand on en est privé.

—Merci, dis-je à Earl.

Si ses doigts n'étaient pas aussi monstrueusement démesurés, je serais morte à l'heure qu'il est.

—Je ne sais pas ce que je ferais sans vous, Anna, me répond-il.

C'est un moment d'une grande émotion, et nous prenons quelques instants pour nous dévisager. *Va-t-il encore m'embrasser?*

Earl se relève et m'aide à en faire autant, pour la deuxième fois en deux jours. Ou la troisième. Je ne compte plus le nombre de fois où il m'a sauvée de ma propre maladresse.

—À présent, brossez-vous les dents, m'ordonne-t-il. Vous sentez vraiment très fort.

J'opine du chef. Il ferme la porte en sortant de la salle de bains.

Fini de jouer. Maintenant, brosse-toi les dents, sors de là, et chevauche sa b… jusqu'à lui arracher des cris de plaisir, me dicte ma pétasse intérieure. *À toi de jouer, ma chérie!*

Je presse une bonne noix de dentifrice à la menthe et entreprends de me brosser les dents. *Plus vite tu auras fini, plus tôt tu pourras offrir ta virginité à Earl Grey. Mmmmm… Earl Grey…* Plus je pense à lui, plus la brosse se substitue à lui, et je jure que j'ignore comment, trente secondes plus tard, je me retrouve de nouveau par terre à m'étouffer.

Je suis allongée sur le lit, dans la même position que quand je me suis réveillée ce matin. La grosse différence, c'est que cette fois Earl Grey plane au-dessus de moi. Enfin, pas littéralement, car cela signifierait que nous sommes en apesanteur ou qu'il peut léviter, mais vous saisissez l'idée. Il est, disons, sur moi. Nous sommes toujours en peignoir. Il vient de me sauver de l'asphyxie deux fois en trois minutes. J'ai toujours des relents d'ail dans la bouche.

—J'attendais cet instant depuis une éternité, déclare-t-il.

—Nous nous sommes rencontrés seulement la semaine dernière. Comment est-ce possible?

Il éclate de ce rire malicieux qui lui est propre.

—Oh, Anna…

Earl Grey dénoue la ceinture qui maintient ma robe de chambre. Je frissonne. *Bon sang…* Nous sommes vraiment en train de le faire. Il ouvre lentement mon peignoir, dévoilant à l'air libre ma peau d'albâtre. Il fait courir le dos de ses doigts sur tout mon corps, depuis mon cou jusqu'aux poils de mes cuisses mal épilées. Je remarque qu'il me sourit, même si j'ai l'impression qu'il passe son temps à sourire. Peut-être devrais-je me contenter de signaler quand il ne sourit pas? Ce serait plus simple.

—Je n'ai encore jamais fait ça, dis-je humblement.

Je ferme les yeux, affreusement gênée.

—Jamais couché dans une chambre d'hôtel? s'étonne-t-il en me prenant le visage dans sa main.

Je lui embrasse la paume.

—Jamais couché… du tout.

Il ne dit pas un mot. J'ouvre les paupières.

—Je sais, Anna. J'ai eu accès aux comptes rendus de toutes vos séances de psy depuis vos seize ans jusqu'à la semaine dernière. Vous ne vous trouvez pas désirable, mais vous ignorez le pouvoir que vous avez…

—Vous n'êtes pas fâché?

—Pourquoi le serais-je?

Je hausse les épaules.

—Je ne pensais pas que les garçons aimaient sortir avec des vierges. Nous avons peu d'expérience et beaucoup de blocages émotionnels en ce qui concerne le sexe.

—Qui a dit que nous sortions ensemble?

Gasp. C'est comme si je remontais une piste de miettes de pain menant jusqu'à son cœur, mais qu'un oiseau vorace arrivait soudain pour les picorer toutes. La piste de miettes de pain s'est refroidie.

—Je vous l'ai déjà dit, je ne suis pas du genre à avoir une petite amie, Anna, me tance-t-il d'un air réprobateur. Ah, au fait…

Earl Grey plonge la main dans son peignoir et en extrait une grosse enveloppe en papier kraft. Il se met à genoux et me la tend. *Oh, oh. Qu'est-ce que c'est?*

—C'est un test, dit-il.

—Un test? répété-je en la tenant toujours. Quel genre de test?

—Le genre de test que l'on trouve dans *Cosmo*, explique-t-il.

Son petit sourire narquois est revenu sur ses lèvres. Comme il m'avait manqué!

—C'est un test sexo, bébé.

Chapitre 9

MON PEIGNOIR EST RENOUÉ, ET J'AI L'IMPRESSION qu'Earl Grey et moi ne sommes pas près de replonger sous la couette. Même si lui est allongé sur le lit, regardant deux hommes en slip, la peau luisante d'huile, faire des cabrioles ensemble dans une émission de catch. Il m'autorise à lire le test dans son intégralité, mais refuse d'aller plus loin avec moi tant que je ne l'aurai pas dûment complété. Ce n'est pas comme ça que je pensais passer mon dimanche : en un sens, c'est encore plus fastidieux que de réviser pour mes partiels.

Nom : _____

Mon homme idéal est :
a. Intelligent
b. Drôle

c. Mignon

d. Riche

e. Sociopathe

f. Tout ça à la fois

Je me trouve plus sexy quand je porte:

a. Des chaussures neuves

b. Une robe noire moulante

c. Des pinces à seins

d. Tout ça à la fois

J'ai peur:

a. De me faire fouetter

b. De me faire attacher

c. De manquer de papier hygiénique dans des toilettes publiques

d. Rien de tout ça

Ma partie préférée du corps est:

a. Mon cul

b. Mes nichons

c. Mes yeux

d. Les yeux de mon partenaire

Parmi les gadgets que j'aimerais utiliser, il y a :

a. Les vibromasseurs

b. Les plugs anaux

c. Les grille-pains de marque Hello Kitty

d. Tout ça à la fois

Je suis :

a. Plutôt Edward

b. Plutôt Jacob

c. Plutôt Edward se tape Jacob

Je trouve très excitant qu'un homme :

a. M'écoute

b. Me fasse à manger

c. Me flagelle le cul comme le maton d'une prison singapourienne

Une activité parascolaire que j'ai toujours voulu essayer serait :

a. La peinture fécale

b. L'anulingus à coulisse

c. La levrette manchote

d. La barbe à bigoudis

Dans une relation, je préfère être :

a. Dominante

b. Dominée

c. Éveillée

Un jour, j'aimerais vraiment :

a. Rencontrer Tom Cruise

b. Faire de la chute libre

c. Coucher avec Earl Grey

d. Tout ça à la fois, et simultanément

Sur une échelle de 1 à 5, où 1 signifie «Aucune» et 5 «Je suis prête à écouter l'intégrale de Fergie ou des Black Eyed Peas», ma tolérance à la douleur est de :
1-2-3-4-5

Et ainsi de suite.

Je lève les yeux vers Earl Grey, incrédule.

— Vous voulez vraiment que je remplisse tout ça ?

Il baisse le volume de la télé.

— C'était un peu l'idée, Anna, répond-il.

Chaque fois qu'il prononce mon nom, un frisson me parcourt l'échine. Ce qui ne m'empêche pas d'être fâchée contre lui. Cette fois, son charme et son physique ne suffiront pas à le tirer d'affaire.

— Vous êtes complètement taré. Je refuse de remplir quoi que ce soit.

— Dans ce cas…

— Dans ce cas quoi ? Vous n'allez pas me faire l'amour ?

Il glousse, puis grogne, puis glousse de nouveau.

— Je ne fais pas l'amour, Anna. Je joue à un jeu sévère et j'aime bien quand c'est dur.

Waouh. Rien qu'à l'entendre prononcer le mot «dur», j'ai soudain envie de remplir son test sexuel. Mais non ! Je ne dois pas céder. *Sois forte, Anna*, me souffle ma pétasse intérieure. *Ne laisse pas ce culturiste te mener à la baguette.*

— Vous avez eu des problèmes dans votre enfance, pour vous comporter comme ça ?

— Comment ça ? réplique Earl, sur la défensive.

— Pour avoir si peur de tisser le moindre lien affectif.

— Je proteste. J'aime les gens.

Je secoue la tête.

— Vous vous servez d'eux, Earl. Votre milliard d'employés ne vous importe pas davantage que les milliards de grains de sable qui constituent les plages sur lesquelles vous vous relaxez, une *piña colada* dans une main et une réceptionniste blonde dans l'autre.

— Vous dites n'importe quoi. Je n'ai jamais touché une *piña colada* de ma vie.

Je m'emporte, enhardie par l'ascendant que je prends sur lui.

—Je ne suis peut-être pas la personne la plus intelligente dans cette pièce, mais je ne suis pas non plus une imbécile.

En réalité, je suis une imbécile; j'espère juste qu'il ne relèvera pas mon lapsus.

—Taisez-vous, avant de dire quelque chose que vous pourriez regretter.

—Vous n'êtes pas quelqu'un de bien, monsieur Grey. Vous congédiez vos employés au moindre écart de conduite. Vous achetez et revendez des entreprises en fonction de vos rencards, sans vous soucier des vies que vous mettez en péril en agissant de façon si irréfléchie. Vous n'êtes même pas capable de démarrer une relation sans que votre partenaire ait répondu à un test de *Cosmo* de mille deux cents pages. Vous avez peur des gens.

Earl Grey, qui ne sourit plus narquoisement, secoue la tête et baisse les yeux. Aurais-je ébranlé son incommensurable ego?

—Le test ne fait que mille cent quatre-vingt-sept pages, mais… vous avez raison. Vous avez raison, Anna.

—Vraiment?

—Oui, affirme-t-il. Bien. Ne vous soumettez pas à ce test. Nous en reparlerons plus tard.

Viendrait-il de me concéder un point? Je crois bien que oui! 1-0 pour la pauvre fille!

—À présent, si vous n'êtes pas assez viril pour terrasser des dragons avec moi sans me faire passer ce test stupide, je m'en vais, déclaré-je.

Il écarquille les yeux. Voilà que j'ai choqué le sombre et dangereux Earl Grey !

— Ne partez pas ! s'écrie-t-il, une pointe de désespoir dans la voix. Je dois d'abord vous montrer quelque chose. Rhabillez-vous.

Chapitre 10

Je tourne le dos à Earl Grey pour enfiler ma culotte et j'ajuste mon soutien-gorge sous ma robe. Du coin de l'œil, je l'aperçois qui se change. J'ai déjà vu chaque parcelle de son corps, à l'exception du participe pendouillant. Il ne me demanderait pas de me rhabiller pour me montrer ça, si? Il doit avoir une autre idée en tête.

—On va quelque part? demandé-je.

—Dans mon appartement de Seattle, répond-il en remontant la braguette de son jean.

Chacune de ses nouvelles tenues est comme une révélation. Son pantalon skinny remonte à peine jusqu'à ses hanches délicieuses.

Je ramasse le test sexo, et nous nous dirigeons vers les ascenseurs. J'ignorais qu'il y en avait à Portland! Earl appuie sur le bouton du toit.

— Oh, je ne suis pas sûre de me sentir d'attaque pour trois heures d'hélicoptère…

— On ne prend pas mon hélico.

Lorsque nous arrivons sur le toit, je comprends ce qu'il voulait dire.

— Un jet privé ! m'exclamé-je.

Il sourit.

— L'hélicoptère est assez pratique, mais quand je dois me déplacer à plus d'un jet de pierre… eh bien, je prends mon jet. Grimpez, bébé.

Il presse le bouton de la télécommande accrochée à son porte-clés, et la verrière du cockpit se soulève. Je gravis la courte échelle et prends place à l'arrière. Earl s'installe devant, le manche à balai entre les jambes.

— Vous savez de quel genre de jet il s'agit ? me demande-t-il en appuyant sur un bouton pour refermer la vitre.

Je n'en ai aucune idée, mais il ne me laisse de toute façon pas le temps de répondre.

— C'est un F-14 Tomcat. Le même que celui de Tom Cruise dans *Top Gun*.

— C'est une sorte de pilote ? Je croyais qu'il était barman ?

Earl met les gaz.

— Non, bébé, il est acteur. Tom Cruise jouait Maverick dans le film *Top Gun* de 1986. Bon sang, je n'arrive pas à croire que vous ne l'ayez pas vu. Ça me troue le cul.

Je secoue la tête.

—Question de génération, sans doute.

Earl ne relève pas et passe la marche arrière afin de prendre un maximum d'élan sur le toit de l'hôtel *Holiday Inn*.

—On a fabriqué seulement sept cent douze de ces joujoux. La plupart d'entre eux ont été envoyés à la casse par l'US Navy ; quelques-uns ont été vendus à des gouvernements étrangers. Celui-ci est le seul au monde qui appartienne à un particulier. Enfilez ça.

Il me tend un casque portant l'inscription « Goose ».

—Qui est Goose ?

—Ce sera vous, pour aujourd'hui, réplique-t-il en s'enfonçant sur le crâne son propre casque, qui indique « Maverick ».

—Vous semblez beaucoup aimer ce Tom Cruise, fais-je remarquer.

Le jet s'est immobilisé sur le toit. Earl se retourne et me contemple en fronçant les sourcils.

—Qu'est-ce que vous insinuez ?

—Rien du tout, voyons !

—Bref, reprend-il. Préparez-vous, on sera à Seattle en un rien de temps. Ce bijou peut atteindre les deux mille cinq cent kilomètres-heure.

Par la sainte vitesse du son !

—On va mourir, dis-je dans un souffle.

—Pas avec moi, m'assure Earl. Combien de fois vous ai-je déjà sauvé la vie ?

— Trois fois. Ou quatre, admets-je humblement.

— Exactement. Bouclez-la. Votre ceinture. Je vous emmène en plein dans la « Danger Zone ». Désolé pour le choix des mots. C'est dans la BO de *Top Gun*.

Earl éjecte une cassette de l'autoradio du F-14 et fouille dans la boîte à gants en quête d'un autre album.

— Pas de zone de danger aujourd'hui. Je pense que cette chanson sera plus appropriée, poursuit-il en introduisant une nouvelle cassette.

La plupart des gens de mon âge ignorent ce qu'est une « cassette », mais j'en ai déjà vu grâce à Kathleen. Quand je rentrerai à la maison, je lui parlerai de *Top Gun*. Elle l'a peut-être en VHS ou en laserdisc.

La chanson qu'a choisie Earl commence par une comparaison entre une femme et une tarte à la cerise. Earl fredonne l'air, tout en soulevant divers interrupteurs et autres bidules. Je ne veux pas le mettre mal à l'aise avec nos six ans de différence d'âge, je ne lui demande donc pas de quel groupe il s'agit. On dirait un peu du Adam Lambert, mais en moins homo. Je ne suis pas toujours très douée avec les doubles sens, mais je devine que cette chanson parle de sexe. « Pétrir la pâte pendant qu'elle lèche le batteur » ? Enfin, voyons. Restons corrects.

— Une dernière chose, ajoute Earl en se retournant. Sortez les doigts de votre nez.

— Désolée, dis-je en ôtant mon majeur.

Je dois vraiment arrêter de me comporter comme une abrutie aux manies dégoûtantes quand je suis à ses côtés!

Le jet fait un saut de puce. Le moteur gronde, noyant cette horrible musique. Nous prenons de la vitesse et, en un clin d'œil, nous avons décollé! Je jette un regard par la fenêtre et vois rétrécir l'hôtel *Holiday Inn*. Bientôt, c'est toute cette bonne vieille ville de Portland qui rapetisse. À quoi ressemblait mon existence avant qu'Earl Grey s'y invite et me fasse vivre de telles aventures? Je m'en souviens à peine. C'est comme si j'étais née hier. C'est un truc que papa me répète tout le temps: «Tu es née d'hier, ou quoi?» Je n'ai jamais vraiment compris pourquoi il me posait la question, parce qu'il sait très bien quel jour je suis née. Mais aujourd'hui je commence à comprendre ce qu'il veut dire par là. Et c'est très exaltant.

— Regardez ça! me dit Earl en criant pour couvrir le bruit du moteur.

Il effectue un virage vers un sommet enneigé.

— Vous voulez nous tuer?! hurlé-je.

— Du calme, bébé. C'est le mont Rainier, l'un des volcans en activité les plus dangereux du monde. Mais ne vous en faites pas: il n'est pas entré en éruption depuis au moins cent cinquante ans.

— Ce n'est pas l'éruption qui m'inquiète, marmonné-je en me préparant à l'impact imminent avec la montagne.

Alors que nous sommes à moins de cent mètres de la paroi, Earl appuie sur un bouton, et trois missiles décollent de chaque aile et viennent percuter le volcan, nous ménageant un trou assez gros pour nous permettre de le traverser.

Constatant que nous en ressortons indemnes, j'avoue à Earl que c'était fabuleux.

—Je fais ça tout le temps, me répond-il. Je peux vous assurer que vous ne vous ennuierez jamais avec Earl Grey.

Sûrement pas, même après un million d'années, pensé-je. Enfin, peut-être que si, parce que comment savoir quelles seraient les conséquences d'un tel prolongement de vie? Ouais, je veux bien croire qu'au bout d'un million d'années deux personnes puissent se lasser l'une de l'autre. Mais en cinquante ou soixante ans à la louche? Impossible.

Je me retourne et constate que le trou qu'Earl a fait dans le mont Rainier est en forme de cœur. *Waouh!* Alors que le volcan endormi crache d'épaisses volutes de fumée noire, je n'ai plus qu'une idée en tête: je suis amoureuse.

Chapitre 11

Nous nous trouvons dans le penthouse d'Earl Grey, au sommet de l'une des érections d'acier les plus immenses et les plus élégantes de tout le centre-ville de Seattle. L'immeuble est situé juste en face de celui abritant ses bureaux; il passe de l'un à l'autre par le biais d'une tyrolienne étendue entre les deux bâtiments. L'intérieur de la garçonnière de Grey est époustouflant, presque entièrement noir et blanc en dehors de quelques taches rouge cadmium ou puce. Une décoration parfaite.

— C'est magnifique, monsieur Grey! J'aimerais qu'un décorateur d'intérieur fasse la même chose chez moi.

— J'ai tout fait moi-même, me précise-t-il.

— Oh.

— Je ne suis pas homo, se défend-il avec force.

Je secoue la tête.

— Ce n'est pas ce que je disais. Vous vous disiez que c'était ce que je me disais, n'est-ce pas ? Car ce n'est pas du tout ce que je me disais.

(C'est carrément ce que je me disais.)

— Que dois-je faire pour vous prouver à quel point je ne suis pas homo ? demande-t-il.

Tu pourrais la fermer et mettre en route la bête de sexe. Je ne l'exprime toutefois pas à voix haute, car d'une part nous ne nous tutoyons pas encore, et d'autre part je pense qu'il aime bien jouer au chat et à la souris. Chaque fois que je me montre trop directe avec lui, il prend la mouche et se referme comme une huître. Au lieu de ça, je m'enquiers :

— Et pourquoi m'avez-vous amenée jusqu'ici ?

— Pour vous montrer ceci, déclare-t-il en m'accompagnant dans sa salle de lecture.

Son immense bibliothèque regorge de milliers de livres. Je suis sûre que ce n'est pas tout ce qu'il a d'immense. Sa cuisine l'est sans doute aussi.

Earl fait courir ses longs doigts sur les reliures alignées le long de ses nombreuses étagères. Il s'arrête sur un livre dont je distingue le titre. *Twilight.*

— Vous m'avez fait venir jusqu'à votre garçonnière pour me montrer *Twilight* ? Vous savez quoi ? Je l'ai lu au moins cent fois ! me gaussé-je en levant les yeux au ciel.

Earl ne peut réprimer un petit sourire narquois. Il fait délicatement basculer l'ouvrage, et tout un pan de mur se met à pivoter.

Les parois de la pièce secrète ainsi révélée sont peintes en noir.

—S'agit-il de votre donjon? demandé-je.

—Vous êtes incroyablement perspicace, Anna, réplique-t-il en opinant. Je l'appelle le «Comptoir du Mal».

—Et vous voulez que j'y pénètre. Avec vous.

Il acquiesce et me désigne l'ouverture.

—Les dames d'abord.

La première chose que je remarque est l'odeur: encens Nag Champa et draps sales. La pièce n'est éclairée qu'à la lumière noire, mais j'en vois assez pour comprendre que nous sommes dans un placard aussi fréquenté que celui d'un vaudeville. La pièce est minuscule, par rapport au reste de l'appartement d'Earl Grey. Il y a tout juste assez de place pour le lit à eau. Des fouets, des chaînes, des cordes, des cravaches, des *paddles* et des entraves en fer sont accrochés à côté des posters à lumière noire – des posters à lumière noire vraiment psychédéliques.

Le «Comptoir du Mal»? Je dirais plutôt le «Dortoir du Mâle».

Je sens la main d'Earl Grey se poser sur mon épaule gauche. Il me souffle à l'oreille:

—Bienvenue dans mon monde, bébé.

—Vous amenez tous vos rencards ici?

—Je ne sais pas si le mot «rencard» est très approprié. Appelons-les plutôt des GNistes. GN signifie «Grandeur Nature».

— J'ai vu ce terme dans le test.

— Le test que vous avez obstinément refusé de remplir, me rappelle-t-il, s'efforçant de paraître au bord de l'exaspération.

J'ai l'impression qu'il en fait des tonnes.

— Ces GNistes… Si ce ne sont pas des rencards, de quoi s'agit-il, au juste? Des volontaires? Où les rencontrez-vous?

Earl ramasse un jouet en cuir qui ressemble à un fouet, sauf que de multiples lanières en pendillent.

— Ce sont des femmes qui pratiquent le GN de façon professionnelle, m'explique-t-il. On en trouve plein sur Topannonces.

J'éclate de rire en l'imaginant sélectionner des femmes sur Topannonces. Quelqu'un d'aussi riche et séduisant qu'Earl Grey n'a certainement pas besoin d'aller sur Internet pour trouver des filles.

— Vous plaisantez! m'exclamé-je.

Il secoue la tête.

— Je sais, ça peut paraître tordu de rencontrer des femmes sur Topannonces.

— Tordu et répugnant, précisé-je.

— Ce n'est que l'une de mes cinquante nuisances, Anna, avoue-t-il en baissant la tête.

— Et vous utilisez ces… «trucs» sur elles? Vous les torturez? m'enquiers-je en lui désignant les sex-toys.

— Si le scénario l'impose. Ce martinet, par exemple, dit-il en reprenant du poil de la bête et en faisant claquer l'objet dans le vide. Je l'utilise sur le dos des femmes, sur leur cul, sur leurs jambes…

—Et ces GNistes aiment se faire battre ?

—Oh oui. Le plaisir et la douleur sont les deux revers d'une même médaille. Sans oublier le fait que mes GNistes font tout pour me plaire. Après tout, je suis le Maître du Donjon.

Il faut vraiment qu'il contrôle toujours tout. Mais mince ! Il contrôle toujours tout de façon tellement excitante…

—Et vous voulez que nous fassions un jeu de rôle ensemble ?

—Peut-être, répond-il en souriant.

—Et quelles sont les règles d'un jeu de rôle érotique ?

—C'est moi qui les édicte, et vous obéissez. C'est très simple. Respectez-les, et vous serez récompensée. Transgressez-les, et vous serez punie. Il s'agit d'explorer les limites de l'autre dans un système codifié de récompenses et de punitions. Tout est question de confiance.

—Et qu'est-ce que j'y gagne ? Je ne suis pas sûre que ce soit trop mon truc de jouer un rôle d'elfe maltraité.

—Je vous imagine plus en fée qu'en elfe, mais nous reparlerons des persos plus tard. Ce que j'y gagne, c'est de vous voir satisfaire tous mes caprices. Ce que vous y gagnez, c'est Earl Grey.

Waouh. Voilà quelqu'un qui a une haute opinion de lui-même.

—Nous ne sommes pas obligés de commencer à jouer dès aujourd'hui ; nous pouvons prendre le temps de nous mettre dans la peau de nos personnages. Toutefois, j'ai besoin de vous prendre maintenant, peu importe la manière.

Mince alors. Earl me tend la main. Je la saisis, et il m'entraîne jusqu'au lit à eau. Je n'ai plus du tout la gueule de bois, mais je suis tellement nerveuse que je me mets à trembler.

—Mettons-nous à l'aise, voulez-vous ? suggère-t-il en retirant sa montre-calculatrice, qu'il dépose sur la table de chevet.

Je lui donne la réplique en ôtant mon bracelet jaune Livestrong, que je place près de sa montre.

—Mettons-nous encore plus à l'aise, d'accord ? insiste-t-il en se débarrassant de ses Crocs roses.

J'enlève alors mes tennis, et manque de m'étouffer à cause de l'odeur de mes chaussettes sales. Elles ont vécu bien des mésaventures, ces deux derniers jours. Si Earl les sent aussi, il n'en laisse rien paraître. J'espère juste qu'il n'est pas fétichiste des pieds.

—Nous ne sommes pas encore assez à l'aise, déclare-t-il avec un large sourire.

Je n'arrive pas à croire que ce pervers si attirant s'intéresse à moi.

—Ah non ? réponds-je d'un ton taquin.

Je passe les bras dans mon dos pour dégrafer mon soutien-gorge et je m'en dépatouille en me tortillant dans tous les sens, comme s'il s'agissait d'une camisole de force. Je laisse pendre mon push-up rouge au bout de mon index, puis je le lance sur Earl Grey.

Il l'attrape au vol.

— Bon sang, Anna ! s'exclame-t-il.

Il laisse tomber mon sous-vêtement et glisse ses deux mains sous son tee-shirt. Après trente secondes de tâtonnements maladroits, il en retire un soutif en dentelle noire.

— Moi aussi, je peux jouer à ça, déclare-t-il dans un malicieux accès de malice.

— Vous portez ça depuis que nous avons quitté l'hôtel ?

— Je vous ai dit que j'étais un peu pervers, bébé.

Un silence gênant s'installe entre nous.

— Déshabillons-nous, reprend-il enfin. Le dernier à poil est une poule mouillée. À vos marques ! Prêts ? Partez !

Nous nous dépouillons de nos derniers vêtements à une vitesse record. Bientôt, nous sommes tous deux aussi nus qu'à notre naissance. Par chance, nous ne sommes pas couverts de sang ni reliés à notre mère par un cordon ombilical.

Je laisse courir mes yeux sur le corps stupéfiant d'Earl Grey, et je m'attarde longuement sur sa virilité encore plus longue. Je veux m'en saisir, la faire tourner dans tous les sens et croquer dedans – mais, d'une façon ou d'une autre, je parviens à me retenir. Ce n'est sans doute pas plus mal, car je doute qu'Earl veuille avoir des marques de dents sur son petit laitier.

Je ne suis pas la seule à détailler quelqu'un : Earl absorbe chaque centimètre carré de mon corps à l'intérieur de ses yeux gris. J'ai l'impression d'être mise à nu, sans doute parce que je ne porte plus d'habits.

—Vous êtes magnifique, Anna.

Je ne suis pas très douée pour recevoir les compliments, mais je m'y efforce.

—Vous êtes plus magnifique encore, répliqué-je.

—Je sais. Vous êtes prête à faire ça ?

—Absolument.

Earl Grey m'entraîne de nouveau par la main jusqu'au lit à eau…

Chapitre 12

—WAOUH, C'ÉTAIT MAGIQUE! M'EXCLAMÉ-JE, VAUTRÉE sur le matelas d'Earl Grey.

—Merci, répond-il. Je n'ai jamais eu trois orgasmes d'affilée en tenant la main de quelqu'un le temps d'aller m'asseoir sur un lit. J'ai du mal à imaginer ce que cela va donner quand on couchera ensemble.

—Inutile de l'imaginer, dis-je.

—Vous avez raison.

Il plane de nouveau au-dessus de moi, sauf que cette fois nous sommes tous les deux nus. Je sens son levier de vitesse se contracter délicieusement contre mon ventre. Kathleen m'aurait dit :

—Eh, tu as le bonjour de Vincent !

—Vincent qui ?

— Vincent Timètre ! »

(Ne vous en faites pas, je ne comprends pas non plus ses blagues.)

Mes tétons sont tout durs, soit parce que je suis dans un incroyable état d'excitation, soit parce qu'il fait un peu frais dans le Dortoir du Mâle.

— J'ai tellement envie de vous, déclare Earl. Mais je vais devoir vous faire attendre.

— N'avons-nous pas assez attendu ?

— Je vais embrasser chaque centimètre carré de votre corps, explique-t-il, en commençant par vos pieds, avant de remonter…

Quintuple crotte.

— Et si vous commenciez plus haut ? Aux genoux, par exemple ?

Il se met à quatre pattes au pied du lit et se penche sur les miens – de pieds.

— Anna, ne soyez pas timide, dit-il en reculant sur le lit vers la moitié inférieure de mon corps. J'adore votre odeur, Anna.

Il place le nez à quelques centimètres de mes orteils et inhale profondément. Il écarquille les yeux de surprise.

— Mais peut-être que je vais effectivement commencer par vos genoux. Bonne idée.

Il m'embrasse les rotules, ce qui me semble un peu étrange, car il n'y a pas tant de terminaisons nerveuses à ce niveau.

À moins que j'aie la peau trop calleuse? Je ne sais pas, ce n'est pas comme si je m'en inquiétais tous les matins. Quand il déplace ses lèvres derrière mes genoux, me soulevant les jambes pour se faciliter la tâche, je pousse un glapissement. Ça chatouille! Peut-être qu'embrasser chaque centimètre carré de mon corps n'est pas le meilleur moyen de me préparer à accueillir son esquimau à la viande.

Il s'attaque à mes quadriceps, et je sens bientôt ses lèvres à l'intérieur de mes cuisses... Ça commence à devenir intéressant. Toutefois, quand il n'est plus qu'à un centimètre de mes parties intimes, il saute une étape et atterrit sur mon nombril.

— Est-ce que vous m'allumez? lui demandé-je.

— Je ne vois pas ce que vous voulez dire, mademoiselle Steal, répond-il en m'adressant son sourire plein de dents doublé d'un clin d'œil.

Il poursuit l'exploration de mon corps, découvrant enfin ma poitrine. Il déploie sa langue de caméléon pour humecter l'un de mes tétons douloureusement dressé et se met à souffler dessus. Alors que je commence à croire qu'il en a terminé, il le gobe brusquement et se met à le suçoter avidement. Mes seins sont désormais si durs qu'ils pourraient tailler des diamants. Earl me regarde dans les yeux et sourit.

— Votre lèvre! m'écrié-je. Elle saigne.

Il y porte la main et contemple ses doigts. *Oh non...* Il s'est coupé sur mon mamelon durci!

— J'imagine que je ne vais pas pouvoir descendre à la cave aujourd'hui, peste-t-il dans un soupir.

— Vous avez le sida, ou un truc dans le genre ?

— Plus maintenant.

— Je donne mon sang tous les trois mois, reprends-je. Je n'ai jamais fait l'amour. Je suis à peu près sûre d'être saine.

— Je veux vous goûter, Anna, et je le ferai. Un autre jour, quand ma lèvre sera guérie.

— D'accord, soupiré-je.

Earl place l'un de ses longs doigts sur mes lèvres, et je me mets instinctivement à le sucer. Il le retire, et je le vois s'approcher lentement de mon sexe, profondément enfoui sous un buisson de poils pubiens luxuriants. Sa main disparaît dans ma toison, et il part en quête de mon bouton d'amour.

Ah ! Oh. Il l'a trouvé. C'est… agréable.

— Ça vous plaît, Anna ? me demande-t-il en titillant mon trackpad comme si j'étais un vulgaire MacBook.

— Oui, monsieur Grey.

— Est-ce ainsi que vous vous donnez du plaisir ?

Je ne le fais jamais. Mon visage dénué d'expression me trahit.

— Vous avez déjà joui, n'est-ce pas, Anna ?

Je secoue la tête.

— Jamais.

— Vous ne vous êtes même jamais touchée ?

Je secoue de nouveau la tête.

Earl soupire.

— Vous ne savez pas ce que vous manquez. Si j'avais votre corps somptueux, je passerais mes journées au lit à l'explorer. Je ne quitterais jamais la maison.

— Cela ne m'a pas l'air très salutaire, remarqué-je.

Je me concentre alors sur ce qu'Earl fait avec sa main…

— Vous êtes trempée, dit-il en enfonçant un doigt en moi.

Oups. *Je salis trois culottes par jour depuis que je vous ai rencontré, Earl Grey.*

— Gémis, gémis-je. Gémis, gémis, gémiiiiiiiis.

Alors que j'atteins le comble de l'excitation, il retire son doigt.

— Je suppose que vous ne prenez pas la pilule ?

Je ne m'étais jamais attendue à coucher un jour, alors clairement « NON ». Je secoue la tête.

— Ce n'est pas grave.

Il se penche vers la table de nuit et en sort une guirlande de préservatifs. Ils sont reliés les uns aux autres et forment comme un long serpent d'aluminium qui disparaît par-dessus le rebord du lit. Il doit bien y en avoir une trentaine.

Combien va-t-il en porter ?

Earl déchire l'un des emballages et déroule la capote sur son python turgescent.

— Je suis surprise que ce soit la bonne taille, murmuré-je.

Ai-je dit ça tout fort ? Pourquoi cet homme me fait-il tant d'effet ?

Il se contente de rire.

—Ces préservatifs sont cousus main, explique-t-il.

—Vous êtes donc allé dans un magasin, ils ont pris vos mensurations et les ont fabriqués spécialement pour vous?

—C'est le privilège d'appartenir aux 0,00001 pour cent, Anna.

Waouh. Hum, waouh.

Earl Grey s'élève au-dessus de moi, dominant ma chair de femme nue et tremblotante. Je n'arrive pas à croire que je suis en train de vivre ça. J'ai comme l'impression que mon rêve érotique avec Robert Pattinson est sur le point de se réaliser.

—Alors, prête pour le calibre d'amour? s'enquiert-il.

Oh, oh.

—C'est quoi, un calibre d'amour? Encore un sex-toy?

—Non, je parle de mon pénis.

—Oh. Alors, oui. Tirez.

Il se met en position entre mes jambes. Je ploie les genoux pour mieux exposer mon sexe. Il arbore un air malicieux et se rue sur moi. Il place la pointe gainée de son érection à l'entrée de mon jardin des délices, tel un lanceur de fléchettes qui se concentre sur sa cible. Je ferme les paupières et attends le début de nos ébats…, mais Earl a disparu. Je l'entends glisser jusqu'au bout du lit et prendre ses jambes à son cou. *Qu'est-ce qu'il fout?*

Je rouvre les yeux et le repère. Il est dans la bibliothèque, environ trente mètres plus loin, accroupi face à moi. Sans crier gare, il se met à courir, gagnant de la vitesse à mesure qu'il se rapproche du lit à eau. Le temps qu'il atteigne l'entrée du Dortoir du Mâle, il vole littéralement. Je referme les yeux et écarte grandes les jambes pour l'accueillir. Il enfonce en moi sa torpille rose avant que le reste de son corps s'affale sur le mien. Mon crâne vient percuter la tête de lit.

—Aïe! glapis-je.

Il se met à haleter et ne recouvre son souffle qu'après quelques instants.

—C'était un aïe pour votre tête ou votre panini?

—Les deux, mon général, réponds-je en grimaçant.

—Je vous ai dit que j'aimais bien que ce soit dur.

J'ouvre la bouche pour répliquer, mais ne trouve aucune repartie pleine d'esprit. Je crois que j'ai une commotion cérébrale. Il m'embrasse sur le front.

—Vous êtes étroite, constate-t-il.

—Je suis vierge, lui rappelé-je.

Je me corrige aussitôt:

—Ou plutôt j'étais vierge.

—En réalité, vous l'êtes toujours, rétorque Earl en observant son point d'entrée. Je me suis trompé de trou.

Il se retire et enfile un autre préservatif.

—Réessayons.

Je dois avoir l'air d'une pauvre fille subissant un rendez-vous arrangé avec Chris Brown, car il s'empresse d'ajouter:

—Pas d'acrobaties, cette fois. Je vais y aller en douceur.

Il s'agenouille de nouveau entre mes jambes et glisse lentement en moi. Cette fois, je suis sûre qu'il est au bon endroit, car je n'ai plus l'impression d'avoir la taupe au guichet.

—À présent, je vais visiter un peu, explique-t-il en remuant lentement les hanches.

Est-ce qu'il va décrire chacune de ses actions?

Ça fait mal, et pourtant... ça fait du bien. Le lien physique qui nous unit renforce la connexion mentale que nous partagions déjà.

—Tu en veux encore? m'interroge-t-il.

—Oui, gémis-je.

Et il me donne un coup de boutoir. Il balance ses hanches de côté, puis vers le haut, puis vers le bas, comme s'il essayait de signer son nom sur le mur du fond de ma caverne intime. Le temps ralentit à mesure qu'Earl accélère; je suis perdue dans un territoire merveilleux où plus rien n'a d'importance, où l'argent et le pouvoir d'Earl Grey semblent si lointains. Pour l'heure, à cet instant, nous sommes seulement deux personnes exécutant la danse éternelle entre un homme et une femme. Je frémis, je tremble, je tente de contenir le plaisir qui m'inonde le corps. En vain: il m'entraîne à la frontière d'un monde d'extase dont j'ignorais jusqu'à l'existence. La seule fois où j'ai ressenti ça, c'était lors d'un shoot d'héro avec Kathleen.

—Je veux que tu jouisses, me dit Earl.

Non, il ne se contente pas de me le dire: il m'ordonne de jouir. Pour lui, j'accepte de le faire. Pour lui, je ferais tout.

Les cloisons de mon palais rose, en écho à sa voix, se contractent autour de lui. Alors que les vagues de plaisir déferlent en moi, il hurle mon nom, et je sens son mont Rainier entrer en éruption.

Il se retire et s'écroule sur le dos et sur le lit à eau. Il nous faut quelques secondes pour reprendre notre souffle. Au bout de quelques minutes, il se tourne vers moi.

—Tu as mal? demande-t-il.

Je ferme les yeux. Mal? *Oui. Non. Je ne sais pas.* C'est une question tellement compliquée. Physiquement, mes parties intimes ont l'impression d'avoir subi la Troisième Guerre mondiale. Je n'ai clairement pas envie de regarder ces draps blancs à la lumière du jour. Mais si j'omets le fait que je me sens comme un champ de bataille et que j'ai perdu ma virginité, je n'arrive pas à penser à autre chose qu'au fait que l'union de nos deux corps m'ait rapprochée de lui plus que d'aucune autre personne. Et ce n'est pas n'importe qui: c'est Earl Grey. Comme si notre orgasme mutuel était un signe des cieux nous indiquant que nous sommes faits l'un pour l'autre, comme si nos corps étaient en parfaite symbiose tant sur le plan biologique que cosmique.

—En fait, je me sens plutôt très bien, dis-je.

Earl ne répond rien.

—Earl? demandé-je en ouvrant les yeux pour le regarder.

J'imagine qu'il n'y aura pas de deuxième round cet après-midi, car Earl Grey dort profondément. Je pose la tête sur sa poitrine et, bientôt, je sombre à mon tour…

Chapitre 13

Lorsque je me réveille de ma sieste, je suis seule dans le lit – dans le lit d'Earl Grey. Il a laissé allumer une lampe à lave verte sur la table de chevet, qui ressort formidablement dans le Dortoir du Mâle ainsi baigné de lumière noire. Si vous m'aviez dit, il y a une semaine, que je me réveillerais ici, je vous aurais traité de dingue. De timbré. De cinglé. Pourtant, tout cela est réel. Du moins, autant que les vampires scintillants.

J'entends au loin le battement mélancolique d'un tambourin. Je sors du lit pour mener ma petite enquête. J'enfile ma culotte et trouve la chemise d'Earl, qui porte encore un peu l'odeur de son gel douche coco-citron. Je l'enfile et me laisse guider par la musique jusqu'au salon.

Pendant mon sommeil, le soleil s'est couché. Le centre-ville de Seattle, illuminé, célèbre la fin d'une nouvelle journée somptueuse dans la cité émeraude. La vue à travers la baie vitrée est à couper le souffle, et plus encore l'est celle d'Earl Grey. Il est nu, assis sur un tabouret de bar, un tambourin à la main. Il l'agite au rythme d'une mélodie qu'il est le seul à entendre. Il a les yeux fermés, perdu dans sa transe. Il affiche l'air triste et angoissé des guitaristes de blues blancs. Une seule lampe l'éclaire, telle une pièce de musée. *Je paierais bien 20 dollars pour une visite d'Earl Grey.*

Je m'approche de lui à pas de louve, attirée par la triste mélopée. Il tient l'instrument entre ces mêmes longs doigts qui m'ont parcourue. Je souris intérieurement à ce souvenir, même s'il s'est produit il y a quelques heures à peine. Je n'en peux plus d'attendre que ses longs doigts me caressent de nouveau.

Il m'a sans doute entendue arriver, car il cesse soudain de jouer et ouvre les yeux.

— Bonsoir, Anna, dit-il.

— Tu peux continuer de jouer, lui réponds-je.

J'espère qu'il ne m'en veut pas de l'avoir dérangé.

— De jouer avec mon tambourin ou de jouer… avec toi ?

Mince alors !

— Tu es doué… avec les deux « instruments ». C'était quelle chanson ?

— Un morceau de Poison. Je me rappelle vaguement que ma mère me le chantait quand j'étais petit. Ça s'appelle *Every Rose Has Its Thorn*, chaque rose a son épine.

— Lequel d'entre nous est Rose ?

—Repose-moi la question plus tard, répond-il.

Il m'examine des pieds à la tête, se délectant de mon corps tel un bébé buvant du jus de pomme dans son gobelet en plastique, avant d'ajouter :

—*Risky Business*. Ça me plaît bien.

—Riz skie quoi ?

—Le côté chemise et petite culotte ? Laisse tomber.

Il semble plus triste maintenant que lorsque nous jouions, je préfère donc changer de sujet.

—Depuis combien de temps pratiques-tu le tambourin ?

—Depuis mon entrée au lycée. Le tambourin est l'un des innombrables instruments à percussion que je maîtrise.

Je tente d'imaginer l'enfance de cette bête de sexe aux larges épaules qui me fait face, mais j'en suis incapable.

—Anna, tu as encore un doigt dans le nez, constate-t-il.

Je l'en extirpe d'un coup sec.

—Désolée.

—Ne t'excuse pas. Si tu savais à quel point cela m'excite… Si tu te cures le nez en public, sache que je ne pourrais peut-être pas me retenir de te prendre sur place.

—Mince !

—Ce qui me fait penser : comment vas-tu ? À cause de tout à l'heure, je veux dire, précise-t-il en lorgnant mes parties intimes.

—Ça va bien. Plus que bien.

—Tant mieux. Je suis content. Tu as faim ?

Je hausse les épaules.

— J'ai pris un gros petit-déjeuner. Tu te rappelles ?

— Comment pourrais-je l'oublier ? Alors, de quoi as-tu envie, si ce n'est de nourriture ?

— Je crois que vous connaissez la réponse à cette question, monsieur Grey.

Il bondit de son tabouret de bar, et nous retournons dans le Dortoir du Mâle. Apparemment, le deuxième round va bel et bien avoir lieu, finalement…

Revenu sur le lit à eau, Earl me retourne sur le ventre.

— À quatre pattes ! grogne-t-il.

— Oui, obtempéré-je en me redressant.

Je sens une main ferme me gifler le derrière.

— Quand nous sommes dans le Comptoir du Mal, tu dois t'adresser à moi de façon appropriée, Anna. C'est : « Oui, monsieur. »

— Oui, monsieur, répété-je.

Cela me vient spontanément.

— Gentille fille, dit-il en caressant l'endroit qu'il vient de fesser.

J'adore quand il me touche.

Je l'entends qui déchire un emballage de préservatif.

— Je vais te prendre en levrette, annonce-t-il.

— Il faut que j'aboie ? m'étonné-je.

— Pourquoi voudrais-tu aboyer ?

—Eh bien, la levrette étant la femelle du lévrier…

—Je préférerais que tu n'aboies pas comme une chienne. Je ne fais pas dans la zoophilie.

—Eh bien, on dirait qu'on n'est pas si pervers que ça, murmuré-je.

—Ne bouge pas, dit-il en s'enfonçant profondément en moi. (Il m'attrape par les cheveux et tire doucement.) Ça te plaît?

—Oui, monsieur, réponds-je tandis qu'il entame des mouvements de va-et-vient.

Ce n'est pas aussi romantique que tout à l'heure, mais je ressens quelque chose de primaire, presque animal, qui me donne envie de hurler comme une louve. Cependant, j'ai peur qu'il ne s'arrête si je succombe à la tentation, et je ne peux pas supporter l'idée qu'il s'interrompe en plein coït.

Je gémis, et gémis encore, et encore, et encore, jusqu'à ce que son pilonnage rythmique et sportif me rende folle. Cette fois, mon orgasme réduit mes bras et mes jambes en compote, et je m'écroule sur le lit.

—Retourne-toi et assieds-toi, m'ordonne-t-il.

—Oui, monsieur, réponds-je en gloussant.

Il m'a bel et bien rendue niaise! Je peux à peine bouger, mais je parviens tant bien que mal à m'asseoir. Je plaque mon dos contre la tête de lit.

—Maintenant, je vais faire des bébés à ton visage, Anna, m'annonce-t-il en rampant vers moi.

Ce truc va-t-il tenir dans ma bouche ? me demandé-je en le contemplant. J'ai une horrible réminiscence de ce qui m'est arrivé plus tôt dans la journée, quand je me suis étouffée avec sa brosse à dents – à deux reprises. Et son membre n'a rien d'une brosse à dents.

Earl se met à califourchon sur moi et dirige son bonhomme d'acier vers ma bouche. En découvrant de si près l'anatomie de Grey, je songe que la blague de Kathleen fonctionnerait mieux si le prénom Cinquantecent existait.

—N'aie pas peur, dit-il. Tu peux le faire. C'est comme avaler un sabre.

Gasp.

—Je n'ai encore jamais avalé de sabre, avoué-je en contemplant le canon de son calibre d'amour.

—Comme c'est étrange ! Dans ce cas, je vais t'apprendre.

—À avaler des sabres ?

—Oui. À avaler des sabres. Habille-toi.

De retour dans le salon, Earl m'initie à l'art ancestral de l'avalage de sabre. L'astuce, m'explique-t-il, consiste à contrôler les muscles de la gorge et le processus de déglutition. En réalité, on n'avale pas littéralement le sabre. À ma grande tristesse, il préfère m'enseigner à l'aide d'un katana que de sa pompe à jus. J'ai d'abord un peu de mal, mais, au bout de quelques heures d'entraînement, j'arrive à m'enfoncer la lame tranchante jusqu'à la garde. Comme il est déjà tard, et qu'il a une importante réunion d'affaires le lendemain matin, nous mettons fin à la bagatelle et allons nous coucher. Prendre notre temps n'est pas une mauvaise idée, finalement, surtout qu'il nous reste plus d'une moitié de livre à écrire.

Chapitre 14

Je me réveille en entendant mon téléphone vibrer sur la table de chevet. Je le cherche à tâtons, les yeux à moitié collés, et le temps que je m'en saisisse il a cessé de sonner. Douze appels en absence et plusieurs textos, provenant tous de Kathleen. Je les fais rapidement défiler.

> T ou ?
> Put1 anna répon ton tel
> Jin sé fai 1 ruptur dé testicul, g du l'emmené chz le
> doc. T contente ?
> Dis salu a ton nouvo cop1

Soupir. Je voudrais lui dire que tout va bien, qu'Earl Grey n'est pas mon petit copain (car il n'est « pas du genre à avoir une petite amie ») et que je vais prier pour les testicules de Jin. Je ne peux toutefois pas lui écrire, pas maintenant : elle me remettrait les pieds sur terre, et je n'ai pas du tout besoin de voir la réalité empiéter sur l'imagerie de mes fantasmes sexuels.

Il est 10 heures du matin, et Earl a quitté le lit depuis longtemps. Il ne m'a pas tout à fait abandonnée, car je porte toujours sa chemise d'hier ; c'est comme si je lui avais retiré la peau pour la mettre. En un million de fois moins flippant. Je fais basculer mes jambes par-dessus le rebord du lit et me lève. Le soleil inonde l'appartement. Je me traîne jusqu'à la cuisine, où je trouve un mot plié sur un iPad. Je m'empare du message.

Anna…

Bien le bonjour à toi !
Quand tu seras prête pour le petit-déjeuner, fais signe à mon majordome, il te le préparera. Il s'appelle Data. Il est expert en arts culinaires, alors n'hésite pas à abuser de lui.
L'iPad est pour toi. Il nous fallait un moyen de rester en contact pendant que je suis au travail, et je déteste envoyer des textos. Ça me donne l'impression d'être une gamine de treize ans. Alors, puisque tu m'as dit n'avoir jamais eu d'ordinateur ni même d'adresse mail, j'ai pensé que cette tablette te ferait plaisir (même si je dois

bien avouer que j'ignore comment tu as pu faire quatre années de fac sans Internet). Allume-la (appuie sur le bouton!) et mets le doigt sur la petite enveloppe: c'est l'application pour le courrier électronique. Je t'ai configuré un compte Hotmail.

Je rentrerai du travail dans la soirée; en attendant, tu peux rester ici pour regarder des films, faire des jeux de société, etc. Si tu veux, je te ramènerai en jet à Portland ce soir.

E.G.

P.-S. Tu es incroyable au lit. J'ai adoré mettre mon truc dans ton truc ;-)

Oh, mince! Mon iPad rien qu'à moi. Et comme si cela ne suffisait pas, mon propre compte Hotmail! En moins de vingt-quatre heures, j'ai non seulement perdu ma virginité, mais aussi gagné une adresse mail. Je meurs d'envie d'allumer la tablette tactile pour l'essayer, mais ma faim est plus urgente.

— Vous me cherchez, mademoiselle Steal? s'enquiert derrière moi un homme à la voix monocorde.

Je fais volte-face et me retrouve nez à nez avec un monsieur pâle vêtu d'une combinaison en Lycra vert et noir. J'essaie de m'éloigner de cet étrange individu, mais je suis prise au piège entre lui et le comptoir de la cuisine. Si j'arrivais à atteindre l'iPad, je pourrais envoyer un mail à Earl Grey pour lui demander d'appeler la police…

—Ne vous inquiétez pas, reprend l'homme d'un ton d'automate. Je m'appelle Data. Je suis le majordome de M. Grey.

Oh. Mon cœur cesse de battre rapidement. Enfin, il continue à battre, mais plus aussi rapidement. Je me calme.

—Pourquoi portez-vous cette tenue ?

—C'est mon uniforme de Starfleet, mademoiselle Steal, explique-t-il.

—Starfleet ? C'est un genre de NASA ?

—Votre comparaison n'est pas pertinente.

Il doit percevoir mon air médusé, car il ajoute :

—Je suppose que vous connaissez *Star Trek* ?

Je secoue la tête.

—Je n'y connais pas grand-chose en science-fiction.

Il soupire, et tous ses muscles semblent se relâcher.

—Merci, mon Dieu, déclare-t-il. (À présent, sa voix ressemble davantage à celle d'une personne réelle.) Appelez-moi Brent.

—Je suis désolée, je ne comprends toujours pas…

—Je suis acteur, mademoiselle Steal. Du moins, je l'étais, précise-t-il avec nostalgie. J'ai interprété un androïde nommé Data dans *Star Trek : la nouvelle génération*, pendant de longues années. Depuis, malheureusement, les réalisateurs ne couraient pas spécialement après l'opportunité de recruter quelqu'un dont le principal fait d'armes était, pour faire simple, d'avoir joué un robot. M. Grey m'a vu travailler chez un concessionnaire Saturn de Beverly Hills, et il m'a proposé de me recruter – en tant que « majordome-androïde ». Apparemment, il aurait préféré un véritable androïde, mais il n'a pas trouvé.

Je secoue la tête.

— C'est tragique. Je ne m'imagine pas du tout vendre des voitures. Encore moins des Saturn.

— Oh, ça ne payait pas si mal, mademoiselle Steal. Mais j'en ai eu marre de répéter : « Non seulement ce modèle est parfaitement fonctionnel, mais en plus il a le plein. » Et même si je dois porter cette combinaison olive et me teindre les cheveux en noir, travailler pour M. Grey rapporte beaucoup, beaucoup plus d'argent. Vous le savez sûrement.

— M. Grey ne me paie pas, réponds-je, sur la défensive. (*Sauf si on prend en compte l'iPad, le compte Hotmail et le rachat du* Wal-Mart *et de l'université.*) Je ne suis pas une prostituée.

— Oh, dit Brent. Je suis désolé. Je pensais…

Oh non… Voilà ce qu'Earl voulait dire quand il répétait qu'il n'était pas du genre à avoir une petite amie : il n'a pas de petite amie, car il paie des femmes pour se déguiser en elfes ou en magiciennes et se faire fesser et baiser dans son Dortoir du Mâle.

— Je dois y aller, dis-je en contournant Brent.

Je me rhabille avec les vêtements que je portais avant de me déshabiller et m'enfuis, en larmes, de l'appartement d'Earl Grey, sous les yeux de son étrange majordome-androïde incapable d'analyser mes émotions dans son cerveau en circuit imprimé.

Chapitre 15

J<small>E COMMANDE UN THÉ VERT AU</small> S<small>TARBUCKS</small> <small>EN FACE DE</small> l'appartement d'Earl Grey. Je cherche mon téléphone pour appeler Kathleen.

Elle décroche à la première sonnerie.

— Anna !

— C'est moi, dis-je d'un air abattu.

— Tout va bien ? demande-t-elle.

Elle n'a pas l'air autant en colère que ses textos le laissaient entendre.

— Oui. Non. Je ne sais pas, avoué-je.

— Est-ce que ce maniaque t'a kidnappée ? Où t'a-t-il emmenée ?

Je pousse un soupir.

— Chez lui.

— Je viens te chercher, petite, affirme-t-elle en percevant mon humeur glaciale.

—Vraiment ? m'exclamé-je. Je suis au *Starbucks* de Seattle.

—Parfait. Ne bouge pas… Je suis là dans trois quarts d'heure.

Je remercie Kathleen et raccroche. À présent, me voilà coincée dans cette cafèt' sans rien à y faire. Devrais-je allumer l'iPad ? Je l'ai emporté en partant, sans doute en dépit du bon sens. Mais quand même c'est un iPad. Qui refuserait un iPad gratos ?

Je le démarre donc pour voir ce qu'il a dans le ventre. Il y a des tonnes d'applis, dont Words With Friends, Angry Birds et… Mail. *Est-ce que je l'ouvre ? Ça ne peut pas faire de mal.* J'appuie sur l'icône de l'enveloppe, qui se déploie en pleine page.

De : Earl Grey <earlgrey50@hotmail.com>
Objet : Ton nouvel iPad
Date : 22 mai, 6:49
À : Anna Steal <annasteal@hotmail.com>

Chère mademoiselle Steal…

J'espère que tu as bien dormi. À t'entendre cette nuit, on dirait bien que oui ! Comment fais-tu pour ne pas t'auto-réveiller en ronflant si fort ? !!!
Ah ah, lol. Mais pas trop.

Bref, dis-moi si tu as besoin de quelque chose !

Earl Grey
P.D.G., Earl Grey Corporation

Ce n'est d'ailleurs pas le seul mail de sa part. Un autre vient d'arriver, il y a cinq minutes à peine.

De : Earl Grey <earlgrey50@hotmail.com>
Objet : Bébé ?
Date : 22 mai, 10:56
À : Anna Steal <annasteal@hotmail.com>

Chère mademoiselle Steal…

Data m'a dit que tu avais dû quitter l'appartement en urgence. Tout va bien ?

Earl Grey
P.D.G., Earl Grey Corporation

P.-S. J'ai essayé de t'appeler, mais je suis tombé directement sur ta messagerie (je ne sais pas si ton téléphone était éteint ou si tu étais en ligne). Je vais t'acheter un deuxième portable, réservé exclusivement à mes appels. Ça ne se discute pas, Anna.

Oh, oh. Qu'est-ce que je dois faire? Je commence à rédiger une réponse…

De: Anna Steal <annasteal@hotmail.com>
Objet: RE: Bébé?
Date: 22 mai, 11:05
À: Earl Grey <earlgrey50@hotmail.com>

Oui, je suis partie. Et oui, j'étais au téléphone. Mais ça ne te regarde pas.

Je ne suis pas l'une de tes GNistes. Ou devrais-je dire «putains»?

Anna

J'appuie sur «envoyer», puis referme l'application. *Ça lui apprendra, à ce riche salopard!*

Je démarre Words With Friends.

Je découvre un petit avatar d'Earl Grey. Je tapote dessus, ce qui ouvre un nouvel écran: «Earl Grey vous a invité(e) à faire une partie. Voulez-vous accepter?»

Est-ce que je veux accepter? J'ai du temps à tuer. C'est un jeu assez simple, auquel j'ai déjà joué sur l'iPad de ma mère. Vous avez sept lettres, chacune avec une valeur différente, et il faut les placer sur un plateau en les rattachant, par une lettre au moins, à un mot écrit par l'adversaire. Chaque lettre utilisée est remplacée par une autre pour le tour suivant. Ça pourrait me permettre d'évacuer un peu de la tension accumulée contre Earl Grey.

J'appuie sur « oui ». Je vais jouer pour le plaisir de le battre et de lui prouver qu'il n'est pas aussi futé et intelligent qu'il le croit. Earl a inscrit le premier mot. « PERVERS », bien sûr.

Je regarde les lettres à ma disposition. Mmm… J'en utilise cinq pour écrire « CRÉTIN » sur son deuxième « E ». À lui.

Presque immédiatement, une notification m'informe qu'il a joué. Son mot ? « CRÉTINS » *Merde ! Salaud !* Il s'est contenté d'ajouter un « S » à la fin de mon mot. Il a le droit de le faire, bien sûr, mais seul un crétin qui bouffe la laine sur le dos des autres ferait un truc pareil.

J'écris « PETIT » au bout de son « PERVERS ». Car c'est vraiment un petit crétin, s'il se contente d'ajouter des « S » à la fin de mes mots.

Il réplique d'un « HÉ ». Oh, hé, non !

J'éteins l'iPad. *Le culot de cet homme !* Je vais me recoiffer aux toilettes des femmes, car je sens que mes cheveux ont repris le pouvoir. J'aurais dû les dompter avant de partir de chez Earl Grey, mais j'étais tellement pressée de quitter son petit bordel que je n'ai même pas remis mes sous-vêtements : impossible de mettre la main dessus. Il les cuisinera sans doute pour le dîner, ou un truc dans le genre. Quel taré…

Je verrouille la porte et m'observe dans le miroir. Je me demande ce qu'Earl Grey me trouve. Je suis tellement banale. Je ne porte même pas de maquillage. Ma peau est aussi pâle que le cadavre de Steve Jobs.

— Anna! m'appelle une voix depuis une cabine derrière moi.

Une voix si chaude qu'elle ne peut appartenir qu'à…

— Monsieur Grey! m'exclamé-je en tournant la tête juste à temps pour le voir pousser la porte battante.

Il tire la chasse d'eau et remonte sa braguette. Ses cheveux en bataille sont plus magnifiques que jamais. Et ses yeux! Toujours aussi gris.

— Je suis désolé, Anna. Je ne pouvais rien écrire d'autre que « HÉ ». Si tu avais vu mes lettres…

Je secoue la tête.

— Tu es incroyable. Tu aurais pu faire E-H. Deux fois.

— Peut-être, admet-il en me décochant un sourire. Mais tu es tellement mignonne quand tu es en colère. Viens t'asseoir avec moi, déclare-t-il en ouvrant la porte pour m'inviter à sortir des toilettes.

— J'attends quelqu'un, répliqué-je.

— D'ici à ce qu'il ou elle arrive, viens t'asseoir avec moi. S'il te plaît. Il faut qu'on parle.

D'accord. Ce n'est pas comme si j'avais le choix. Si je n'obtempère pas, il risque de racheter le *Starbucks* d'un texto et de faire retirer toutes les chaises sauf celles de sa table.

Nous nous asseyons donc ensemble. S'il se rend compte que je bois du thé vert et non du Earl Grey, il n'en montre rien.

Il se racle malicieusement la gorge.

—Alors, Anna, tu crois que je te prends pour une pute?

—C'est ce que semblait penser ton majordome, rétorqué-je. As-tu déjà payé des filles pour faire l'amour?

Il soupire.

—C'est une façon très réductrice d'envisager mes activités. Il n'est pas toujours évident de trouver de belles femmes prêtes à GNiser avec moi, tout en laissant libre cours à ma sexualité. Suis-je parfois contraint de les payer? La réponse est oui.

—J'en étais sûre. Je crois que nous n'avons plus rien à nous dire, décrété-je.

Je fais mine de me lever, mais il me rattrape par le poignet.

—Je t'en prie, écoute-moi jusqu'au bout, Anna.

Je me rassieds.

—D'accord. Je t'écoute.

—Je ne m'attends pas à ce que tu comprennes. Je suis un homme complexe, Anna. J'ai cinquante nuisances. Tu en connais déjà certaines, comme mon gros coup de cœur pour Tom Cruise, ou le fait que je fasse mes courses au *Wal-Mart*. Mais je garde secrets d'autres plaisirs honteux de nature plus… sexuelle.

Oh, mince!

—Comme je te l'ai déjà dit, je suis un peu pervers, j'aime les jeux bizarres. Tu n'en as eu qu'un minuscule aperçu. Peut-être vaut-il mieux que tu me quittes. Si le simple fait que je paie des femmes pour s'adonner à des parties de jeux de rôle à forte tension érotique t'incommode, tu risques de ne pas supporter certaines de mes activités. Ça vaut ce que ça vaut, Anna, mais sache que les GNistes font toutes partie du passé, maintenant. J'ai cessé d'acheter des femmes depuis que je t'ai rencontrée. Tu m'as transformé.

— Tu préfères claquer des sommes extravagantes pour m'offrir des choses hors de prix que de me jeter directement de l'argent au visage, remarqué-je.

— Exactement. Cette nuit, c'était la première fois que je couchais de façon « traditionnelle », sans me déguiser et jouer un rôle. Je n'ai pas eu besoin de t'imaginer en princesse orque prisonnière pour être excité. Je ne sais pas ce que tu m'as fait, Anna.

Mon cœur saute un battement.

— C'est incroyablement romantique, avoué-je, rayonnant de joie.

Finalement, peut-être que ça pourrait marcher, entre nous.

À cet instant, la porte du *Starbucks* s'ouvre sur Kathleen. Et Jin.

Gasp.

Chapitre 16

Jin recule d'un pas derrière Kathleen. Il n'est sans doute pas prêt à se battre une nouvelle fois, pas après ce qui s'est passé à *L'Éclipse*. Earl, pour sa part, reste assis. Il parvient si bien à conserver son calme, en dépit de la pression… D'un autre côté, ce n'est pas lui qui a atterri à l'hôpital la dernière fois.

— Tu es prête ? me demande Kathleen d'une voix pleine de colère.

Elle n'est pas heureuse de me trouver assise là, avec Earl Grey. Je ne peux pas lui en vouloir. Je dois à tout prix désamorcer la situation avant une nouvelle omelette de testicules.

— Je crois qu'il faut que j'y aille, dis-je à Earl.

— Je n'essaierai pas de t'en empêcher, Anna, répond-il.

Attendez une minute… Earl Grey est prêt à me laisser partir ? Sans lutter ? Cela ne lui ressemble pas du tout.

— Vous pouvez aller m'attendre dans la voiture ? demandé-je à Jin et à Kathleen. Je vous rejoins tout de suite.

— Cinq minutes, crache Jin. Viens, Kathleen.

Ils sortent, et me voilà de nouveau seule avec Earl.

— Tu es donc prêt à me laisser partir. Qu'est-ce qui se passe ?

— J'ai l'habitude, maintenant, déclare-t-il. (*Oh non. Earl l'émotif est de retour.*) Tout le monde m'abandonne toujours. D'abord, ma mère toxico. Puis mes parents adoptifs, qui m'ont laissé en famille d'accueil. Puis Suzy, ma petite amie du primaire, dont les parents ont déménagé pour l'inscrire dans une école lointaine en Iowa. Puis Ken Griffey Jr., qui, en 2000, a quitté les Mariners de Seattle pour rejoindre les Reds de Cincinnati. Et maintenant tu me quittes à ton tour, Anna.

Tant de tristesse est insupportable ! Oh, ces yeux gris de chiot battu… Cette fois, la goutte est pleine.

— Je ne veux pas te quitter, affirmé-je.

— Alors reste.

— Mais mes amis…

Il hoche la tête.

— J'ai besoin de toi, Anna. Mais je ne te demanderai pas de choisir entre eux et moi. Ça ne serait pas juste.

— Merci. C'est très généreux de ta part.

— Je peux aussi me montrer généreux, quand je veux.

Son sourire est de retour ! Oh, comme il m'a manqué. Il se lève et me prend dans ses bras. Il me lèche la joue, du menton jusqu'à la tempe, puis de la tempe jusqu'au menton. Nous nous embrassons passionnément, avides de goûter à la langue délicieuse de l'autre. Nous rompons notre étreinte avant que l'un de nous deux avale l'autre. En ce qui me concerne, je me suis largement assez étouffée ces derniers jours.

— Je t'appellerai dans la semaine, promets-je.

— Je te cabosserai dans la semaine, réplique-t-il.

Le retour en voiture jusqu'à Portland nous prend une éternité. Nous roulons silencieusement pendant un long moment, et je finis par briser la glace.

— Je suis désolée, les gars.

Je suis vautrée sur la banquette arrière, tandis que Kathleen conduit et que le courageux Jin se trouve à la place du mort. Bien vivant, il me regarde dans le rétroviseur, et je me rends compte que ses yeux verts luisent de colère. Et d'inquiétude.

— Je suis content que tu ailles bien, répond-il.

— Évidemment, que je vais bien. Comment vont tes… euh…

— Mes *cojones* ? Mes noisettes ? Mes bijoux de famille ? propose-t-il. Mal. Il a fallu m'en amputer un.

Oh non !

— Qu'est-ce que tu vas faire ?

— Qu'est-ce que je peux y faire, Anna ? Ça ne me réjouit pas, mais on ne peut pas revenir en arrière. J'étais bourré ; j'ai laissé la colère me submerger. Je me suis écarté du code d'amitié et de gentillesse de *MPP*.

—Tu as fait ce qui te semblait juste, affirmé-je. Tu veillais sur moi.

—Laisse-moi te raconter une histoire, reprend Jin. Dans la deuxième partie du premier épisode de *Mon petit poney : l'amitié est magique*, les poneys affrontent un manticore furieux qui leur bloque le passage. Alors que toutes ses amies veulent le combattre, Fluttershy l'approche calmement et découvre qu'il a une écharde dans la patte. Elle lui témoigne de la compassion, et non de l'animosité. Et, dès qu'elle lui a retiré l'épine, le manticore les laisse passer.

» Si je m'étais comporté davantage comme Fluttershy et que je m'étais adressé à ton petit ami avec gentillesse plutôt qu'en lui assenant des menaces, j'aurais peut-être encore mes deux testicules aujourd'hui.

Je n'ai pas la moindre idée de ce qu'est un « manticore », mais je crois comprendre où il veut en venir : Jin était furieux parce qu'il avait une écharde dans la patte. Ou quelque chose comme ça.

Il détourne la tête pour regarder par la fenêtre.

—J'ai jeté l'opprobre sur toute la fraternité des fans de *Mon petit poney* ce jour-là. Je n'ai plus osé montrer le bout de mon museau sur ponyexpression.net depuis lors, ajoute-t-il d'une voix pleine de nostalgie et de regret.

Un troupeau d'anges passe.

—Et, euh… qu'est-ce qui se passe entre ce Earl Grey et toi ? s'enquiert Kathleen.

Jin se raidit à l'évocation de son nom.

—Je ne sais pas. Il m'a dit qu'il n'était pas du genre à avoir une petite amie.

—Donc vous ne sortez pas ensemble? Il t'enlève brusquement jusqu'au nord-ouest du Pacifique dans son hélicoptère en achetant tout sur son passage, et c'est tout?

—Plus ou moins, admets-je.

Je ne suis pas sûre de vouloir leur parler du Dortoir du Mâle. Je crève d'envie de m'en ouvrir à Kathleen, mais pas avec Jin dans la voiture.

—Ça a l'air d'être un chic type, intervient justement celui-ci.

—Je voudrais juste que vous lui laissiez une chance, plaidé-je.

—S'il te fait du mal…

La voix de Jin déraille.

—Souffrir est un risque à courir dans toutes les relations, répliqué-je.

Sauf que, dans la nôtre, je pourrais bien me retrouver ligotée à un gyropode et précipitée au milieu du trafic, au nom du jeu de rôle érotique grandeur nature. La simple idée de me faire attacher par Earl Grey fait palpiter de désir mon utérus.

—J'ai planté son portrait sur *Boss et Canon*, explique Kathleen. Je n'ai aucune envie de lui faire de la publicité gratuite. Quoi qu'il arrive, sache qu'on surveille tes arrières, d'accord?

Je suis surprise qu'elle conduise. Depuis que je la connais, je ne l'ai jamais vue tenir aussi longtemps sans boire ni vomir.

— Merci, réponds-je. C'est sympa de te voir sobre, pour une fois.

Elle rit.

— Détrompe-toi, je suis complètement bourrée.

— Ouais, intervient Jin, on s'est mis des tampons de vodka dans le cul.

— Je ne suis pas sûre de vouloir connaître les détails.

— Bien sûr que si ! s'exclame Kathleen. D'abord, tu imbibes un tampon de vodka ; ensuite, tu…

— Merci, la coupé-je. J'ai compris le principe.

— Ça brûle, mais l'alcool est censé se répandre plus vite dans le sang, explique Kathleen.

Cela n'a l'air ni agréable ni sans risque. Et elle ne devrait pas conduire.

— Range-toi sur le côté. Je vais prendre ta place.

Je n'ai encore jamais conduit, mais au moins je ne suis pas ivre.

Kathleen acquiesce, puis tourne brusquement le volant, nous précipitant droit… dans un ravin ! Alors que la voiture plonge de la falaise en direction de l'océan Pacifique, nous hurlons notre dernier mot en chœur.

— Aaaarrrrrghhhh !

Chapitre 17

La Volvo de Kathleen s'enfonce dans l'eau la tête la première. Jin, Kathleen et moi sommes piégés à l'intérieur. Nous coulons à notre perte. Les portières sont hermétiquement closes, mais ce n'est qu'une question de secondes avant que les vitres éclatent sous la pression et que nous nous noyions tous. Nous sommes bons pour la casse. Si seulement Jin était un triton, plutôt qu'un fan de poneys ! Kathleen a cessé de hurler, mais sa bouche reste grande ouverte. Si par miracle nous survivons à cette épreuve, je jure de l'emmener à une réunion des Alcooliques Anonymes.

— Nous sommes pris au piège, constate Jin en mettant tout son poids contre la portière pour l'ouvrir. (En vain.) Nous sommes déjà trop profonds, la pression est trop forte.

—Je suis désolée, je suis désolée, marmonne Kathleen entre deux sanglots.

—Essayons d'économiser l'oxygène, proposé-je.

—Comment? En arrêtant de respirer? On risque de s'évanouir, objecte Jin.

—Tu as une meilleure idée? demandé-je. Je suis ouverte à toutes les propositions.

—Ouais: et si tu envoyais un texto à ton petit ami pour lui demander de venir nous sauver? raille-t-il.

En réalité, l'idée n'est pas si mauvaise.

—D'accord.

Je sors mon téléphone et appelle mon petit ami qui ne l'est pas vraiment.

—Anna! s'exclame Earl Grey.

Il est bien en sécurité à Seattle, tandis que je suis à mi-chemin entre Portland et chez lui, à dix mille lieues sous les mers.

—Salut, dis-je.

Le son de sa voix est tellement envoûtant que j'en oublie un instant la raison de mon appel.

—Tout va bien? Tu es arrivée à Portland?

—Pas exactement, annoncé-je.

La voiture touche enfin le fond de l'océan. Le temps presse.

—Tu as des ennuis?

—Un peu, admets-je, légèrement embarrassée.

Je trouve toujours le moyen de me mettre dans la panade, et je dois chaque fois demander de l'aide à Earl. Comme s'il n'avait rien de mieux à faire de ses journées !

— Je suis plus ou moins coincée dans une voiture au fond de l'océan avec Kathleen et Jin.

— J'arrive tout de suite, déclare-t-il. Tiens bon. Quoi qu'il arrive, ne meurs pas.

— D'accord.

Je ne suis pas sûre que ce soit le genre de promesse qu'il faille faire à un amoureux, mais je m'efforcerai de la tenir.

Je raccroche.

— Il arrive, annoncé-je à Jin et à Kathleen.

Deux heures plus tard, nous sommes de retour sur la terre ferme. La Volvo de Kathleen est fichue. Nous avons survécu à l'accident grâce à Earl Grey, qui a vidé le Pacifique pour nous sauver.

Earl enroule sa veste autour de moi. Il est de nouveau vêtu de sa chemise et de sa cravate à smileys, et il est plus beau et fringant que jamais. Je veux qu'il m'oblige à me pencher pour me prendre sur la plage, mais ça serait bizarre, étant donné que Kathleen et Jin nous attendent dans l'hélicoptère.

— En voilà une fille chanceuse, déclare Earl.

— Je suis la plus chanceuse des filles, renchéris-je. Je t'ai, toi.

Il secoue la tête.

—Tu m'étonneras toujours, Anna.

—Je n'aurais pas dû te quitter, dis-je en baissant la tête.

Je ne veux pas lire la déception dans son regard.

Il place une main sous mon menton et me relève délicatement le visage.

—Ce n'est rien, m'assure-t-il avec des yeux et une voix tendres et indulgents. Ce n'est rien.

Je me mets à pleurer. Les larmes dégoulinent rapidement sur mes joues, comme s'il pleuvait. Ah, en fait, il pleut. Je suppose que je ne pleure pas, finalement.

—Laissez-moi vous ramener à Portland avant que l'orage se déchaîne, me dit-il en m'embrassant sur le front.

Nous remontons dans l'hélico. Kathleen et Jin se sont déjà évanouis, grâce aux tampons imbibés de vodka qu'ils se sont fourrés dans le rectum.

Le vol du retour s'effectue dans le plus grand silence. Après tout ce que nous avons vécu, un peu de calme nous fait le plus grand bien. Même ma pétasse intérieure la ferme, pour une fois. C'est durant cet instant zen que je sens quelque chose dans mon ventre. Bonté divine! Je ne me rappelle pourtant pas avoir mangé un bébé. Cela ne peut signifier qu'une seule chose : je suis enceinte – enceinte d'Earl Grey!

Chapitre 18

Je suis seule dans l'hélicoptère avec Earl, et nous volons vers Seattle après avoir déposé Kathleen et Jin. Par chance, ils n'ont pas discuté quand je leur ai annoncé que je repartais. Après ce qui s'est passé aujourd'hui, j'ai pris conscience d'avoir commis une grave erreur en le quittant. Une expérience de mort imminente a suffi à me faire comprendre combien j'ai besoin de lui. D'après Earl Grey, c'est pourtant lui qui a besoin de moi. Peut-être qu'on a besoin l'un de l'autre ? Voilà qui ressemble aux bases solides d'une relation parfaitement saine et normale.

— Je suis content que tu te sois abîmée au fond de l'océan, me dit Earl.

— Et pourquoi ça, monsieur Grey ?

— Parce que j'organise un bal costumé pour lever des fonds ce soir, et que j'adorerais que tu viennes avec moi.

— Tu sais à quel point j'aime venir avec toi, réponds-je avec un sourire.

— Excellent. Alors, c'est réglé. Nous n'avons plus qu'à rentrer enfiler une tenue plus habillée, avant de foncer au bal.

Nous sommes en route pour cette soirée de charité, qui doit avoir lieu dans le restaurant panoramique au sommet de la Space Needle. Je porte une courte robe noire trouvée dans le dressing d'Earl. Il affirme qu'il a demandé à Data de l'acheter pour moi, mais sa penderie contient plus de vêtements pour femmes que pour hommes. J'ai également mis de l'eye-liner et du blush, qu'Earl a aussi « fait acheter à Data » pour l'occasion.

Earl est aussi impeccable qu'à son habitude, sauf qu'il a troqué sa cravate à smileys pour une autre, plus élégante, ornée de billets de 100 dollars.

— Cette cravate coûte encore plus cher que tous les biffetons imprimés dessus, c'est incroyable, non ? m'explique-t-il tandis que nous montons dans l'ascenseur de la Space Needle.

— Je n'arrive pas à y croire, réponds-je.

En réalité, plus rien de ce qu'il peut dire ou faire ne me surprend.

Earl Grey est à tomber. Je rêve d'immobiliser l'ascenseur et de m'envoyer dans l'espace au bout de son aiguille… Malheureusement, trois autres donateurs nous accompagnent dans notre périple vers le restaurant.

—Anna, tu es particulièrement magnifique, ce soir, me dit-il.

Je rougis.

—Arrête, chuchoté-je. Nous ne sommes pas seuls…

—Ne sois pas si prude. Allons, donne-moi ta culotte.

Nul ne nous regarde, mais tous doivent l'avoir entendu. Malgré tout, je m'exécute. Je fais glisser mon sous-vêtement sous ma robe, et le ramasse pour le lui tendre.

—Merci, dit-il.

Il se penche sur mon cou pour me susurrer à l'oreille :

—Je vais tellement te faire mouiller que tous les occupants de cette cabine vont risquer la noyade.

Oh, mince!

Par chance, il n'a pas le temps de tenir sa promesse, car l'ascenseur s'arrête.

—Une autre fois, lui dis-je.

Nous descendons de l'ascenseur. La vue sur la ville est époustouflante. La salle pivote pour nous offrir un panorama à trois cent soixante degrés sur Seattle. Normalement, il lui faut une heure pour effectuer une rotation complète, mais Earl m'apprend qu'il s'est arrangé pour que cela ne prenne que dix minutes. Cela procure une sensation assez extraordinaire. Je dois me souvenir de ne pas trop boire, afin de ne pas risquer que ma tête tourne dans plusieurs directions à la fois.

Earl me tend un masque de cochon doté d'un ruban argenté.

— C'est un bal masqué, me rappelle-t-il.

Au lieu d'un groin et d'oreilles roses, lui a un museau de petite souris trop craquante. Nous enfilons nos loups, qui recouvrent la moitié supérieure de notre visage. Je peux toutefois toujours voir les yeux gris d'Earl Grey. *Oh, on va bien s'amuser.*

— Ça te dirait de jouer à un jeu? me demande-t-il.

— Tout dépend contre qui.

— Toi-même.

Il sort de sa poche un dé arrondi et incroyablement gros, qu'il me montre, à plat sur sa paume. Il ne ressemble à aucun autre dé qu'il m'ait été donné de voir.

— Qu'est-ce que c'est?

— Un dé à soixante-neuf, répond-il.

Il doit apercevoir mon air de confusion, car il précise:

— Un dé doté de soixante-neuf faces.

Waouh!

— Je croyais que tu ne t'adonnais pas aux jeux de hasard.

— Effectivement, admet-il. Mais bon nombre de jeux de rôle, y compris le BDSM, utilisent des dés polyédriques pour diriger l'action.

— Et qu'est-ce que je suis censée en faire?

Il sourit.

— N'est-ce pas évident? Glisse-le en toi, et vois combien de temps tu peux le garder en place.

— En moi? Tu veux dire, dans ma…

Il acquiesce.

Ma pétasse intérieure semble hésitante, ce qui ne m'empêche pas de m'emparer du dé. Il est légèrement plus petit qu'une balle de golf. Je m'éclipse dans les toilettes pour femmes près de l'ascenseur, puis j'en ressors après avoir accompli mon méfait.

—Ça y est, annoncé-je.

Il sourit.

—Que la fête commence.

Des paparazzis nous entourent dès que nous pénétrons sur le lieu de la réception, nous immortalisant tous les deux. La lumière des flashs est aveuglante. Earl m'aide à fendre la foule des vautours.

—Tu vas faire la une de Yahoo Actualités, bébé, m'annonce-t-il en souriant. Je ne pense pas que les journalistes m'aient déjà photographié en compagnie d'une femme équipée d'un dé à soixante-neuf…

—Et avec des femmes sans dé? l'interrogé-je.

—Non, assure-t-il platement.

Je m'empresse de changer de sujet.

—C'est donc toi qui as organisé cette soirée de charité? Qui en est le bénéficiaire?

—Il s'agit de lever des fonds pour financer une campagne de sensibilisation sur les dangers de plonger bourré, explique-t-il d'un ton neutre.

—Plonger bourré?

—Oui.

—Tu veux dire « rouler » bourré, le corrigé-je. Comme ma coloc, qui a failli me tuer tout à l'heure.

Même si, somme toute, nous avons bien malgré nous fini par plonger bourrés. Dans une voiture.

Earl secoue la tête.

—Quand tu verras la présentation que j'ai préparée, je suis sûr que tu seras convaincue. Les faits sont formels.

Alors que nous traversons la pièce, Earl me présente aux autres invités. Il doit bien y avoir dans les cinq cents convives, portant tous des masques d'animaux. Je serais bien incapable de retenir leurs prénoms. Et si j'en recroisais un demain matin, le reconnaîtrais-je ?

Earl m'amène jusqu'à une table disposée pour faire face au reste du restaurant. Un projecteur se braque sur lui, et on lui tend un micro. Je m'éclipse discrètement.

Sa voix puissante retentit dans les enceintes.

—Bienvenue, chers amis, à notre bal de charité annuel !

La foule l'applaudit bruyamment.

—J'espère que vous apprécierez le programme que nous vous avons concocté pour la soirée. Les serveurs commencent déjà à servir le repas, n'attendez donc pas que j'aie fini de blablater pour attaquer !

Quelques rires polis. Je remue nerveusement sur ma chaise. Le dé ne me fait pas mal, mais je ressens indéniablement sa présence. Je dois fournir un gros effort de concentration et contracter bien des muscles pour ne pas le laisser s'échapper.

—La vente aux enchères débutera bientôt, j'espère sincèrement que vous saurez ouvrir votre cœur – et votre portefeuille – pour soutenir la bonne cause : informer nos concitoyens des dangers de plonger bourré.

» Mes amis, il s'agit là d'un problème très grave. Permettez-moi de vous lire quelques statistiques qui, très franchement, m'ont choqué autant qu'une batterie de voiture accrochée à mes tétons.

» Saviez-vous que l'alcool est impliqué dans près de cinquante pour cent des presque quarante mille accidents de plongée annuels ? Chaque minute, un Américain meurt d'avoir plongé bourré. Vous pouvez penser que ça n'arrive qu'aux autres, mais imaginez ça : une personne sur trois sera un jour confronté à un accident de plongée lié à l'alcool.

Il nous abreuve de données chiffrées durant plus d'une heure. Le temps qu'il boucle son allocution, les serveurs nous apportent le dessert. Heureusement que nous ne l'avons pas attendu pour commencer !

—Mais assez parlé de chiffres, conclut Earl. Vous êtes prêts à commencer les enchères ?

Chapitre 19

Un commissaire-priseur au débit impressionnant prend le micro à Earl et énonce les règles des enchères. Earl s'assied.

— C'était très émouvant, lui dis-je.

— Merci, répond-il en m'embrassant sur la joue.

Enfin, à moitié sur la joue, à moitié sur mon masque de cochon.

La foule est en délire. L'espace d'une seconde, je crois que c'est à cause de notre baiser, mais j'entends alors les mots «Adjugé! Quinze mille dollars» braillés dans les enceintes. Quelqu'un vient d'acquérir l'édition originale de *Ça, c'est Shore*, que j'ai prié Earl de mettre en vente tant ce présent était extravagant.

— Vous faites beaucoup de bien à notre monde, monsieur Grey, lui susurré-je.

—C'est pour compenser la noirceur de mon âme, répond-il d'un air sombre.

Je ne réplique pas, car il est inutile de discuter avec lui quand il est en plein syndrome prémenstruel.

Le prochain article mis en vente est une suite fantaisie à Hawaï. Sans réfléchir, je lève la main et annonce :

—Un milliard de dollars !

L'assistance pousse un grand « Oooooooooh ». Le commissaire-priseur reste un instant bouche bée.

—Une fois… deux fois… adjugé à la jeune femme au masque de cochon, déclare-t-il.

Je me tourne vers Earl, dont les yeux gris brillent de colère derrière son masque de souris.

—Quoi ? J'ai toujours rêvé d'aller à Hawaï.

—Où as-tu trouvé 1 milliard de dollars ? s'enquiert-il.

Oh, oh.

—C'est du vrai argent ? Je pensais que c'étaient des billets de Monopoly.

—Non, Anna, me corrige-t-il d'une voix posée. Nous parlons bien de véritable argent. Je suppose que je vais devoir te prêter ce milliard.

—Merci, réponds-je honteusement.

Oups.

—Tu sais, en revanche, que cette suite fantaisie m'appartenait, dit-il.

—Oh. Je l'ignorais.

Il secoue la tête.

—Qu'est-ce que je vais faire de toi, Anna Steal?

Je n'en ai pas la moindre idée. Je me pose la même question à son sujet.

La vente aux enchères est terminée; Earl et moi dansons un slow sur la piste. Le groupe du soir, les Icy Dragons, joue une reprise fidèle de *Every Rose Has Its Thorn*, à la demande d'Earl. Sa colère s'est dissipée, même s'il va sans doute devoir se débarrasser d'une ou deux entreprises et délocaliser quelques milliers d'emplois pour payer le milliard de dollars que j'ai promis lors de la vente.

—Je suis désolée, dis-je une fois encore. C'est sans doute à cause de l'alcool.

—Tu n'avais pas bu, Anna.

—De l'herbe, alors?

—Tu n'avais pas fumé non plus. Mais peu importe. Ce qui est fait est fait.

Earl est un sacré danseur, et il me guide avec grâce.

—Où as-tu appris à danser ainsi? demandé-je.

—J'ai participé à *Danse avec les stars*, une année.

—C'est trop cool.

—J'ai perdu en finale devant Nicholas Sparks.

—Cet homme sait vraiment tout faire.

—Sauf mélanger la salade, précise Earl d'un ton solennel.

La sensation de son corps contre le mien est tellement agréable…

—Tu es vraiment sexy avec ton masque, reprend-il. J'ai hâte de te ramener à la maison pour te faire hurler comme une cochonne.

—C'est gentil, réponds-je. Enfin… je crois.

—Et si on allait faire un tour aux toilettes pour hommes? Je ne suis pas sûr de pouvoir attendre, Anna, me chuchote-t-il à l'oreille.

Je souris.

—Aux toilettes? Est-ce très hygiénique?

—Bien sûr. Il suffit de bien écarter les pieds, explique-t-il.

L'orchestre achève la chanson, et la plupart des couples désertent la piste de danse pour récupérer.

—Il est presque 22 h 30. Et si on passait à la vitesse supérieure? propose le chanteur aux cheveux longs en entamant une reprise particulièrement rythmée de *It's Raining Men*.

—«Il pleut des hommes!» J'adore cette chanson! m'exclamé-je.

—Moi aussi, répond Earl. Ça te plairait qu'on reste en piste et que je te montre certaines techniques que j'ai apprises pour *Danse avec les stars*?

—Je suis plutôt maladroite, tempéré-je. J'arrive déjà à peine à te suivre quand on danse un slow…

—Ne te juge pas trop sévèrement. Tu dois oublier tes inhibitions et te laisser aller.

—Bon, si tu insistes…

Il sourit.

—Oui, Anna, j'insiste.

Une poignée de danseurs reviennent sur la piste. Les femmes lèvent les mains en l'air. Pendant ce temps, Earl Grey me fait tournoyer sur place. J'essaie de ne pas vomir alors que le monde pivote autour de moi. La rotation du restaurant tout entier n'arrange en rien ma nausée naissante…

Le chanteur braille passionnément dans le micro quand Earl me jette en l'air, puis me rattrape. Il ne pleut pas des hommes : il pleut des Anna Steal !

J'ai à peine retouché le sol qu'Earl me fait glisser entre ses jambes avant de me relever de l'autre côté. Soudain, mes pieds redécollent. Comme si la salle ne tournait pas assez comme ça, Earl Grey me fait désormais faire l'hélicoptère, les bras tendus. Si cela ne s'arrête pas bientôt, il va pleuvoir des morceaux…

—*Hallelujah !* s'écrie le chanteur. *It's raining m…*

Un bruit sourd et violent retentit. Earl m'immobilise brutalement et me prend dans ses bras. Je n'ai pas vomi. Que ma pétasse intérieure soit bénie ! Je constate toutefois que les musiciens ont cessé de jouer et qu'Earl Grey contemple, les yeux écarquillés, le chanteur des Icy Dragons, gisant sur le côté, comme assommé. Je remarque alors avec horreur le dé à soixante-neuf faces qui repose à côté de son corps inanimé.

Oups.

Chapitre 20

J'embarque à bord du bateau d'Earl Grey. Il s'agit de l'un de ces yachts extravagants, qu'on voit dans les clips de rap. Nous nous apprêtons à traverser l'océan Pacifique, qui a entre-temps été rempli d'eau de pluie. La faculté qu'a mère Nature de réparer les dégâts que nous pouvons lui infliger est ahurissante. Bientôt, nous voguerons vers notre suite fantaisie à Hawaï, vingt-quatre heures à peine après le terrible accident de la Space Needle. Earl pense que j'ai besoin de vacances, car je suis un peu secouée depuis que j'ai failli tuer le chanteur des Icy Dragons.

Une fois à bord, je ne peux m'empêcher de lancer les bras en l'air et de hurler :

— Je suis le maître du m…

Earl me fait taire en posant un doigt en travers de sa bouche. Il me désigne un panneau portant l'inscription : « Pour la santé mentale des autres passagers, merci de ne faire aucune référence à *Titanic*. Merci de votre coopération. »

Oh. Sapristi!

Un autre panneau juste en dessous répond à ma question suivante : « Non, mademoiselle, nous n'allons pas dans les étoiles. »

— J'imagine que je ne peux même pas chanter du Céline Dion ? Qu'allons-nous faire pendant cinq heures de traversée ?

— Cela me semble évident, réplique Earl d'un air malicieux.

Je souris. *Ah d'accord. Nous y voilà.*

— Pêcher, précise-t-il.

Je fronce les sourcils. Pêcher ? Vraiment ?

— Et qu'est-ce qu'on pêche ?

— Du thon, réplique-t-il en souriant de nouveau.

Il m'adresse un clin d'œil.

— Beurk. C'était censé être sexy ?

— Oui. Mes propos salaces ne t'excitent pas ?

Je secoue la tête.

— Parfois. Mais comparer une femme à un poisson est inacceptable.

— Et si j'avais dit « du poisson rouge » ? Les poissons rouges sont très colorés et incroyablement gracieux. Comme toi, ma très chère Anna.

Je secoue encore la tête.

— Laisse tomber. Pas de poisson.

— D'accord, alors à quoi pensais-tu ?

— Arrêtons là les doubles sens, et allons plutôt pêcher.

—Oh, Anna, je craignais que tu ne me le proposes jamais. Va pour le péché de gourmandise ! Allons dans la salle à manger.

Ce n'est bien sûr pas le genre de péché que j'avais en tête (je pensais plutôt allier la paresse à l'orgueil en allant traîner devant un ordinateur pour compter mon nombre d'amis Facebook), mais ça me va quand même. J'ai faim. Et je n'ai pas de compte Facebook.

Le bateau vogue désormais au large. Nous sommes attablés dans la salle à manger du yacht, qui se révèle être un *Pizza Pino*.

—J'espère que tu aimes la cuisine italienne, Anna. Ce restaurant est mon préféré, annonce Earl alors que le serveur dépose les cartes devant nous.

Que puis-je répondre à cela ? Enfin, bien sûr, je suis amatrice de cuisine italienne, mais… comparer *Pizza Pino* à de la cuisine italienne ?

—J'adore le pain à l'ail, m'exclamé-je joyeusement.

Il éclate de rire.

—Tu peux être honnête, Anna.

Très bien, puisqu'il tient à l'entendre…

—Je trouve que leurs pâtes ont un goût de cuillères en plastique cuites au micro-ondes. Et ne me lance pas sur leurs sauces… Ils devraient plutôt s'appeler *Pizza Zéro*.

Earl me dévisage. Je crains qu'il ne me jette par-dessus bord en pâture aux requins. Au lieu de quoi, il se contente de sourire.

—Je suis on ne peut plus d'accord. C'est pour ça que j'adore ça. C'est une autre de mes cinquante nuisances, Anna.

Waouh. Il s'ouvre vraiment à moi. C'est très profond.

—Vous êtes un homme étrange, monsieur Grey.

—Attends que nous soyons à Hawaï, repartit-il. Tu n'as pas idée de combien je peux être étrange.

Le serveur revient, et Earl commande deux articles de chaque plat. Je commence à me demander s'il n'a pas un rapport un peu spécial avec la nourriture. C'est un miracle qu'il soit si affûté et qu'il ait de telles tablettes de chocolat. Si je boulotais autant que lui, il me faudrait une liposuccion par semaine. Il rit quand je lui fais part de mon sentiment.

—Oh, Anna. Si j'attendais une semaine pleine entre deux liposuccions, je n'arriverais pas à avoir des abdos pareils. Un docteur vient m'aspirer tous les lundis et jeudis.

—Tu crois que c'est bon pour la santé ?

—Ça ne peut pas faire de mal.

J'ai quand même un doute.

—J'ai entendu parler de gens qui mouraient ou conservaient de graves séquelles après des opérations de chirurgie esthétique.

—Non, Anna, il ne s'agit pas de chirurgie : c'est un nouveau procédé appelé «succion manuelle». Un docteur vient à domicile et m'aspire littéralement la graisse à l'aide d'un Dirt Devil.

Inutile de discuter avec le grand Earl Grey tout-puissant : s'il y croit, c'est qu'il a forcément raison, pas vrai ?

Je suis ravie qu'il s'ouvre un peu à moi. Peu importent ses honteuses nuisances (manger au *Pizza Pino*, faire ses courses au *Wal-Mart*, payer pour coucher), elles ne m'empêchent pas de m'attacher à lui. À la rigueur, je sens même un lien plus fort se tisser entre nous à chaque nouvelle révélation. Serai-je un jour submergée et incapable de supporter ses petits secrets ? M'avouera-t-il une chose si honteuse que je n'aurai d'autre choix que de le quitter pour de bon ? Quelle est l'importance de cette noirceur qu'il abrite ?

À la fin du repas, je me retire sur le pont supérieur pour prendre un bain de soleil. J'ai apporté les mille deux cents pages (environ) du test sexto d'Earl, afin de le relire entièrement. Pendant ce temps, Earl végète sur l'un des ponts inférieurs, achetant et vendant des entreprises à l'aide de son BlackBerry.

Il me faut plus de trois heures pour relire le test dans son intégralité. Quand j'en ai terminé, je vais chercher mon iPad et m'installe sous un parasol afin de pouvoir taper à l'ombre. J'ouvre la messagerie.

De : Anna Steal <annasteal@hotmail.com>
Objet : Parlons de nous
Date : 23 mai, 17:05
À : Earl Grey <earlgrey50@hotmail.com>

J'ai donc relu le test, et je te trouve toujours dingue de vouloir me le faire remplir.

Commençons par les « limites dures ». Suis-je intéressée par des « actes impliquant l'urine, les excréments, les feux d'artifice, les clubs de golf ou les animaux » ? Euh, non. C'est dégueu.

D'autre part : les questions concernant les aspects de ma vie que je te laisserais contrôler ? Ça dépasse les bornes. Je refuse de te laisser me dire quoi manger, ou quand le manger. C'est une liaison amoureuse ou un régime Weight Watchers ?

Anna

Moins d'une minute plus tard, je reçois une réponse d'Earl Grey. Visiblement, il n'était pas si occupé que ça.

De : Earl Grey <earlgrey50@hotmail.com>
Objet : OK
Date : 23 mai, 17:06
À : Anna Steal <annasteal@hotmail.com>

Chère mademoiselle Steal…

Les limites dures sont négociables. J'ai en effet toujours estimé qu'il valait mieux mettre les choses à plat dès le départ, afin que tu ne te réveilles pas un beau matin avec un étron fumant sur la poitrine en te demandant dans quoi tu t'étais fourrée.

Les restrictions alimentaires sont également ouvertes à négociations. Tu n'es pas obligée en permanence de te cantonner aux aliments prescrits si tel n'est pas ton désir. On peut trouver un compromis. Par exemple, je peux aussi te dresser une liste de goûters potentiels (les mini-carottes ?).

Earl Grey
P.D.G., Earl Grey Corporation

Je lui renvoie un mail pour lui signifier que les mini-carottes ne constituent pas un compromis acceptable. Après avoir appuyé sur «envoyer», je mets l'iPad en veille et le range. J'incline le dossier de ma chaise et ferme les yeux, prête à faire une sieste. Toutefois, avant même que je commence à somnoler, quelque chose vient me chatouiller le visage. J'ouvre les paupières et tombe nez à nez avec ce qui n'est clairement pas une mini-carotte.

Je lève les yeux vers le visage hilare d'Earl.

—On a environ une heure à tuer, me signale-t-il. Si tu vois un autre péché susceptible de nous occuper…

Après nous être adonnés à une torride séance d'avarice, Earl et moi nous rendons en proue pour découvrir notre destination.

Je ne lui ai pas encore parlé du bébé. Il me le reprochera sûrement, je dois donc attendre le bon moment pour lui annoncer qu'il va être père.

—Tu es déjà allée à Hawaï? me demande-t-il.

Je secoue la tête.

—Je n'ai jamais quitté les États-Unis.

Au loin, j'aperçois le soleil se coucher sur le Pacifique. Au beau milieu du grand bleu s'élève majestueusement un groupe d'îles luxuriantes.

—Je n'arrive pas à croire que tu possèdes une maison à Hawaï, dis-je.

—Pas une maison, une île, me corrige-t-il.

Joie et bonheur!

Chapitre 21

Earl Grey échoue le bateau sur la grève, et nous sautons à terre. Nous ne sommes pas habillés pour l'occasion : il porte son habituel costume, tandis que j'ai enfilé une robe d'été. Peu importe, car la plage est déserte.

— Où sont les gens ? demandé-je.

— C'est une plage privée, m'informe-t-il. Il n'y a que toi, moi, et la centaine de paparazzis en bateau ou en hélico qui espèrent voler un cliché du bronzage intégral d'Earl Grey.

— Tu bronzes à poil ?

— Cela te surprend, Anna ?

— Un peu. Tu es si pâle…

Il hausse les épaules.

— Je ne suis pas venu ici depuis plusieurs semaines. Viens.

Il m'entraîne vers une hutte en bord de mer, à la lisière de la forêt tropicale. Il allume dès notre arrivée. *Waouh!* Quel endroit fabuleux! Il y a tant de choses, comme des canapés, des chaises et des tables. Tout est décoré avec goût dans des teintes blanc et ocre. Les murs sont ornés de toiles de velours noir représentant les grands personnages du siècle écoulé, comme Elvis Presley, Steve Jobs, Usher, Aaron Spelling, George W. Bush et Oprah Winfrey.

—C'est magnifique! m'exclamé-je.

—Bien sûr que c'est magnifique. Je me suis chargé de la déco moi-même.

—Tu pourrais me décorer aussi, répliqué-je.

Ferme donc ton clapet!

Earl hausse un sourcil.

—Ah, ces choses qui sortent de ta bouche…, déclare-t-il d'un ton amusé.

—Ah, ces choses qui me rentrent dans la bouche, réponds-je malgré moi.

—Ça suffit, décrète-t-il en desserrant sa cravate. Tu as été vilaine, tu mérites une correction.

Oh, oh. Je me demande ce qu'il a en tête.

—Nous sommes à des milliers de kilomètres de ton Dortoir du Mâle, ça ne me fait pas peur, fanfaronné-je.

Il me jette un regard interrogateur.

—Comment l'as-tu appelé?

Oups.

—Le Comptoir du Mal. Pourquoi ? Tu as compris quoi ?

Il secoue la tête.

—Rien du tout.

Il retire sa cravate à smileys et me traîne par le poignet jusqu'à la chambre.

—Déshabille-toi, m'ordonne-t-il.

—Oui, monsieur Grey.

J'ignore ce qu'il manigance, mais je m'exécute. J'espère qu'il n'est pas furieux à cause de mon lapsus sur son Comptoir du Mal. Une fois en sous-vêtements, je me rends compte qu'il n'a rien enlevé d'autre que sa cravate.

—Tu ne te joins pas à moi ? m'étonné-je.

Il secoue la tête.

—Je ne me joins pas à toi. Je te donne une leçon. À présent, finis de te déshabiller et allonge-toi sur le lit.

J'obéis. Je repose sur le dos, nue, les jambes repliées, prête à le recevoir. Soudain, il me plaque les poignets à la tête de lit. Il triture sa cravate... Attendez une minute ! Il m'a attachée ! Me voici nue et offerte, les bras tendus au-dessus de la tête et attachés à l'une des colonnes du lit.

Il prend un peu de recul pour admirer son œuvre.

—Joli, dit-il. J'aime te voir ligotée. Vulnérable, sans défense...

Ses pulsions sadiques sont à leur apogée, ce soir. C'est plutôt excitant de m'abandonner temporairement à lui de la sorte. Je n'en peux déjà plus d'attendre.

—Je vous en prie, monsieur Grey, dis-je en faisant la moue. Utilisez-moi.

—Cesse de gémir. Sinon, je vais devoir te fourrer un bâillon-boule dans la bouche.

—Oh oui, mettez-moi les boules dans la bouche. Je veux manger vos boules.

Il marque une pause.

—Je parlais d'une boule en caoutchouc, précise-t-il.

—Oh, dis-je, déçue.

—Ne bouge pas, déclare-t-il en s'humectant les lèvres. Je vais chercher à boire.

Tandis qu'il quitte la pièce, je vois son cul musculeux rouler sous son pantalon. Je l'entends ouvrir le frigo dans la cuisine. Il revient, un verre de vin à la main.

—J'espère que tu as soif, dit-il en s'approchant du lit.

Il porte le breuvage à mes lèvres, et je sirote le liquide pourpre et gazeux.

C'est glacé. On dirait un mélange de sirop de raisin déshydraté et de bière allégée. Il redresse le verre.

—On ne trouve plus ça nulle part, tu sais?

—C'est délicieux, réponds-je. Qu'est-ce que c'est?

—Du Four Loko. Douze degrés d'alcool, et assez de caféine pour tirer Paula Deen d'un coma diabétique. C'est tellement fort que le gouvernement fédéral leur a ordonné de changer de recette en retirant la caféine et les plantes. Par chance, j'ai conservé une copie de la formule d'origine dans ma cave à vin.

— C'est donc illégal ?

— Du point de vue du gouvernement seulement. Mais ce sera notre petit secret, d'accord ?

— D'accord. Et maintenant on va faire l'amour ?

Ma gaffeuse intérieure palpite d'impatience à l'idée d'accueillir Bilbon Sacquet dans sa Comté.

— Pas tout de suite, répond-il. D'abord, je vais m'amuser un peu…

Earl fait couler du Four Loko sur mon sternum, et le liquide ruisselle entre mes seins.

— Ne bouge pas.

— C'est froid ! m'écrié-je.

Earl, toujours habillé, penche la tête et se met à me laper le torse tel un chat buvant dans sa gamelle.

— Alors, qu'est-ce que ça te fait, Anna ? demande-t-il en me regardant dans les yeux.

Ma poitrine n'est désormais plus humide, mais collante. Je sens un peu de liquide me couler jusqu'aux aisselles.

— C'est… spécial.

C'est censé être agréable ? Quand il me léchait, ça me chatouillait. Et maintenant je me sens sale.

— Tu en veux encore, décide-t-il en m'en versant sur le ventre.

Ça dégouline jusqu'à mes poils pubiens. J'ai hâte d'aller prendre une douche.

Il me lape de nouveau, et cette fois les guilis sont insupportables. Je me tortille malgré moi et remonte malencontreusement mes genoux dans son menton. Il lâche le verre de Four Loko, qui se renverse sur le lit. Le liquide ruisselle jusqu'à mon cul.

— Putain! m'exclamé-je.

Earl bascule de côté et tombe par terre. Il ne bouge plus, ne parle plus. Quelques instants plus tard, j'aperçois sa main sur le lit, tandis qu'il se relève.

— Putain? Pourquoi tu as dit « putain »? C'est moi qui ai pris un coup dans la gueule.

— Le Four Loko est glacial. J'en ai sous les fesses, expliqué-je. Pardon.

Il secoue la tête.

— Je ne pensais pas que tu étais aussi forte. Tu me surprends beaucoup, dit-il en se frottant le menton. Avec toi, j'ai l'impression d'en apprendre chaque jour un peu plus.

— C'est peut-être parce que nous ne nous connaissons que depuis une semaine, suggéré-je.

— Sans doute.

Après une courte pause, il ajoute :

— Mais revenons-en à nos moutons, d'accord?

— Je t'en prie.

Je commence à avoir mal aux bras, et mes fesses sont comme collées l'une à l'autre. Je ne sais pas combien de temps je vais pouvoir supporter ça. Si nous en venons effectivement à faire l'amour, je simulerai peut-être rapidement un orgasme afin d'aller me doucher plus vite.

Il s'agenouille entre mes jambes et les écarte encore plus. Il est toujours en costume, et le Four Loko est en train de souiller son pantalon. J'espère qu'il possède un pressing sur l'île. Je suis sûre que oui : il a toujours tout ce qu'il faut.

—Maintenant, je vais te boire, Anna, dit-il en s'allongeant pour positionner sa tête entre mes cuisses.

—Feu ! hurlé-je.

J'ai malheureusement oublié quelque chose, qui devient soudain très pressant.

Il lève les yeux vers moi.

—Qu'est-ce qu'il y a ?

—Eh bien…

—Parle, Anna. Tu peux tout me dire.

Comment le formuler avec délicatesse ? Puisque c'est impossible, je décide d'y aller franco.

—Eh bien, j'ai perdu du sang cet après-midi, après tous les moments agréables de ces derniers jours. Je suis censée avoir mes règles, cette semaine, je me suis donc dit que j'étais en avance. Je n'étais pas sûre. Alors j'ai mis un tampon, juste au cas où.

Je ne lui précise pas que je ne risque pas d'avoir mes règles, puisque je suis enceinte de lui.

—Ce n'est pas grave, Anna. J'ai l'habitude du sang.

La façon dont ses yeux gris s'illuminent quand il prononce le mot « sang » m'effraie quelque peu. Comme s'il en avait besoin…

Il tend la main entre mes cuisses et, à l'aide de ses longs doigts, saisit la ficelle dépassant des portes de mon paradis.

—Ne bouge pas, m'ordonne-t-il en tirant doucement.

Le tampon sort sans mal ; à mon grand soulagement, il n'y a que très peu de sang dessus. J'aurais mieux fait d'utiliser un protège-slip, mais je n'en avais pas sur moi. Tant pis. Il n'y a pas mort d'homme.

Earl jette le tampon dans une petite poubelle à côté du lit.

—À nous deux, à présent, dit-il en replongeant vers moi.

Il fronce ses sourcils magnifiques qui se prêtent si bien à l'expression du mécontentement. On dirait deux mille-pattes velus faisant la chenille au-dessus de ses yeux gris.

—Ne bouge pas, répète-t-il. Il y a autre chose…

Il replonge ses longs doigts dans mon abîme féminin et…

—Ah, ah ! s'exclame-t-il en renonçant à son air surpris.

Il tire doucement sur sa trouvaille, et extrait lentement un mouchoir jaune d'entre mes deux pare-boue. Il le brandit en l'air. Joli tour ! Il m'adresse un clin d'œil, je lui souris en retour. Il n'en a cependant pas terminé : il tire encore, et s'ensuit un foulard bleu, attaché au premier ! Puis un orange. Il poursuit son extraction, et développe ainsi une guirlande de douze carrés de tissu accrochés les uns aux autres. C'est le plus joli tour de magie qu'on m'ait jamais fait en se servant de ma Katy Perry. J'applaudirais bien, mais j'ai toujours les mains attachées au-dessus de ma tête.

Earl dresse l'index et arbore un sourire coquin. Encore autre chose? Que va-t-il «dénicher» en moi, cette fois? Je l'interroge du regard. Il ne va quand même pas sortir un lapin? Il insère de nouveau deux de ses doigts interminables et commence à tâter la paroi supérieure de mon piège à hommes. Il appuie du bout des phalanges sur une région riche en terminaisons nerveuses. C'est… délicieux.

—Regarde ce que je viens de trouver! se réjouit-il en apercevant mon air de pure extase. Ton point G!

Durant les quinze minutes qui s'ensuivent, Earl me travaille de ses longs doigts. Sa cravate m'immobilise encore les mains, de sorte que je ne peux ni intervenir ni le guider. C'est exaspérant et pourtant ô combien érotique! Je suis de plus en plus humide à mesure que je me rapproche de la jouissance, au point que je crains de bientôt mourir déshydratée. Mais cela ne se produit pas. Au lieu de quoi, mon corps s'arc-boute en un ultime frisson d'extase. Mon orgasme se poursuit durant plusieurs minutes, si longtemps que c'en devient insupportable. Je m'écroule, et sa cravate m'entaille plus profondément les poignets. Je suis aussi épuisée que comblée. Et il va peut-être falloir m'amputer des mains.

—C'était…

Ma voix déraille, je suis incapable de terminer ma phrase. Je le contemple d'un air rêveur.

Earl retire lentement ses doigts, et ce faisant il extrait autre chose : une colombe blanche!

—Abracadabra! s'exclame-t-il en la berçant dans sa main.

L'oiseau roucoule, puis déploie ses ailes et les déploie vivement pour se débarrasser de mon nectar intime. Earl le laisse s'envoler, l'observant en souriant s'élever vers les cieux et…

… le ventilateur de plafond. Nous recevons tous deux une pluie de plumes. Le corps démantibulé de la colombe est projeté contre le mur.

—Ah, ça n'était pas prévu, constate Earl en descendant du lit pour me détacher.

Sans déc, Sherlock? Il m'apparaît soudain que la métaphore la plus adaptée à la mort de l'oiseau serait: une pauvre colombe blanche, innocente et virginale, battue à mort par un ventilateur sadique. Earl et moi pourrons-nous un jour vivre une vie normale? Ou ses sombres désirs lui feront-ils dépasser les bornes? C'est une question à laquelle je réfléchirai plus tard. Pour l'heure, couverte de plumes et de Four Loko, je sombre dans un profond sommeil.

Chapitre 22

Je me réveille une fois encore dans un lit vide. La lumière du jour illumine la hutte. Où est Earl ? J'entends la chasse d'eau, et le voilà qui sort de la salle de bains. Il est complètement nu, et sa peau semble étinceler au soleil. Comme un…

— Bonjour, Anna, dit-il.

— Je croyais que tu m'avais quittée, fais-je remarquer. Tu ne travailles pas aujourd'hui ?

Il secoue la tête.

— J'ai téléphoné pour dire que j'étais malade.

Oh non !

— Tu ne te sens pas bien ? Qu'est-ce qu'il y a ?

Il rit.

— Oh, Anna. Je suis malade d'amour.

Viendrait-il d'employer le mot de cinq lettres?

— Seriez-vous amoureux de moi, monsieur Grey?

— N'est-ce pas évident? réplique-t-il.

J'ai du mal à me concentrer sur ses paroles alors que son James Franco se balance entre ses jambes.

Ma pétasse intérieure hésite. S'il est amoureux de moi, alors cela implique une autre question : suis-je amoureuse de lui? Il est si séduisant, et si riche... Malheureusement, c'est aussi un sale type lunatique dont les cinquante nuisances menacent à tout moment de le submerger et d'emporter sur leur passage tous ceux qui se trouvent en sa compagnie. Cela fait beaucoup de données à analyser de bon matin.

— Quelle heure est-il? m'enquiers-je pour changer de sujet.

Il sourit.

— L'heure de la turlutte, bébé.

Après que nous avons fait trois fois l'amour dans tout un tas de positions aussi diverses qu'intéressantes, Earl m'annonce qu'il a une surprise pour moi.

— J'ai une surprise pour toi.

— Je peux prendre une douche, avant? demandé-je.

J'ai encore des plumes collées sur tout le corps.

— Bien sûr, répond-il. Ça t'embête si je t'accompagne?

Nous remettons le couvert deux fois de suite sous la douche, la première avec un luffa, la seconde la tête à l'envers.

Après mon cinquième orgasme de la matinée, nous sortons de la douche pour nous essuyer. Jusqu'à présent, la plupart de nos parties de jambes en l'air ont été à peu près normales. Cela me convient très bien, car je ne vois pas l'intérêt de se prendre des coups de badine, de Taser ou de je ne sais quoi d'autre. Ce sadique d'Earl Grey saura-t-il s'en contenter ?

Je lui demande quelle surprise il me réserve.

— Tu verras, répond-il en me faisant basculer sur le lavabo pour me prendre encore une fois.

Après nous être parés de chemises hawaïennes assorties (à Hawaï, on parle de chemises « aloha », selon Earl – un véritable Wikipédia sur pattes !), nous grimpons sur un quad et parcourons la jungle. Earl m'a ordonné de porter une jupe et de laisser ma culotte dans la hutte. Me voilà donc assise derrière lui, les jambes écartées autour de sa taille, les poils pubiens au vent : quel pied !

Nous nous arrêtons devant une enfilade de portes en bois d'au moins trente mètres de hauteur. Ce sont là les seules entrées ménagées dans un mur gigantesque semblant s'étendre sur des kilomètres dans les deux sens.

— Qu'est-ce que c'est ?

Earl appuie sur un bouton de son porte-clés, et les battants pivotent.

— Bienvenue au Triassic Safari, dit-il.

— C'est comme dans *Jurassic Park* ?

J'étais peut-être encore bébé quand le film est sorti, mais même moi j'en ai entendu parler.

—Le mien est plus ancien, assure-t-il.

—Tu n'avais même pas dix ans, à l'époque du film.

—J'ai eu l'idée à cinq mois. Cela ne fait que quelques années que j'ai eu l'argent et l'expertise nécessaires à sa construction. Michael Crichton m'a devancé, mais il y a une différence colossale entre les deux : mes dinosaures sont réels.

—Parce que ceux du film ne l'étaient pas ?

Il secoue la tête.

—Oh, Anna. C'est ton sens de l'humour qui te rend si désirable.

Je ne pense pas en avoir, mais passons. Il nous conduit à l'intérieur, et les portes se referment derrière nous.

—Alors, certains de tes dinos sont-ils dangereux ?

—Pas plus que moi, réplique-t-il.

Oh, oh.

Earl immobilise notre quad entre deux monstres se gavant de baies et de feuilles. Ils sont gros comme des bus scolaires. On dirait des rhinos géants, mais avec plus de cornes. L'un d'eux est équipé d'une selle.

—Prête pour la chevauchée de ta vie ? me demande Earl.

—Je croyais que c'était le programme de ce matin, réponds-je avec un petit sourire narquois.

—Bien vu, Anna. Bien vu.

Nous descendons de notre quad et approchons du dino sellé.

— Ce sont des *Kosmocératops richardson*, m'explique-t-il. Les animaux les plus cornards du monde.

— Pardon ?

— Compte les cornes de celle-ci, Anna. Quinze cornes de bonne taille sur la tête, et seize plus petites le long du crâne. Il s'agit sans doute d'un caractère sexuel secondaire bien que, à l'instar de leurs cousins *Tricératops*, les mâles comme les femelles arborent des cornes identiques.

Earl caresse la peau bleue et écailleuse du *Kosmocératops*, qui se met à ronronner.

— Elle est trop mignonne, constaté-je.

— C'est parce que j'ai mélangé leur ADN avec celui de chatons, explique Earl.

Il se hisse sur le dos de la bête et me tend la main pour m'aider à grimper. Je la saisis et monte à mon tour, devant lui, cette fois. Avant que j'aie le temps de dire ouf, me voici à visiter l'île privée d'Earl Grey sur le dos d'un putain de dinosaure !

— Tu as déjà fait l'amour à dinosaure ? me demande Earl, en refermant les bras autour de moi.

Oh, mince ! Je secoue la tête.

Ses mains glissent sous ma chemise, et il me sent prête à recommencer. Mes tétons sont de nouveau durs comme le diamant. Je comprends soudain pourquoi il m'a demandé de mettre cette jupe sans rien dessous…

— Penche-toi en avant, m'ordonne-t-il.

Je m'exécute, en m'agrippant aux rênes du *Kosmocératops*. L'animal trotte gentiment dans la jungle, sans paraître se rendre compte que deux personnes s'affairent sur son dos.

Earl remonte ma jupette, exposant mon cul nu à la brise fraîche de l'île. Si j'avais eu une culotte, elle serait trempée à l'heure qu'il est. Au lieu de quoi, c'est la selle qui est devenue un véritable toboggan. Je l'entends déboucler sa ceinture et baisser sa braguette. Je sens la chaleur émanant de son sceptre turgescent.

Une fois protégé, Earl me guide vers son giron. Je l'enfourche pendant la demi-heure qui suit, tandis que le *Kosmocératops* nous promène sur l'île sous un soleil au zénith. Earl ne me mentait pas en affirmant que ce serait la chevauchée de ma vie.

Dans l'hélicoptère qui nous ramène à Seattle plus tard dans la soirée, Earl finit par mettre sur le tapis le seul sujet de conversation que nous avons soigneusement évité durant notre séjour sur l'île.

— Tu as relu le test sur le bateau, mais tu ne l'as toujours pas rempli.

Oh, oh.

— Je sais, monsieur Grey.

Il marque une pause.

— Il me semble que ce n'est plus nécessaire, reprend-il enfin.

— Vraiment ?

—Tu n'es pas comme mes autres GNistes, Anna. Entre nous, tout est différent. Ça ressemble à…

—De l'amour ?

—Exactement ! s'exclame-t-il, rayonnant.

Cependant, plutôt que de me rassurer, cet état de fait m'angoisse. Est-il possible de changer si radicalement en l'espace de quelques jours ? Est-ce cela, le fameux miracle de l'amour ? Peut-être dans une comédie romantique. Mais, à mes yeux, notre histoire relève davantage de la tragédie.

—Et si ce n'était pas vous, le monstre, monsieur Grey ? Et si c'était moi ?

—Ça t'a plu d'être attachée, hier soir ?

Je hausse les épaules.

—C'était marrant, à part l'épisode de l'oiseau mort.

—Ce n'est qu'un avant-goût de ce que tu peux espérer trouver dans le monde des jeux de rôle érotiques. Sauf l'oiseau mort, bien sûr.

—Dans ce cas, me voilà soulagée, réponds-je.

—N'empêche, j'aimerais quand même faire une partie de BDSM avec toi.

—D'accord.

Après tout, ça ne peut pas être plus étrange que tout ce que nous avons vécu cette semaine.

Earl secoue la tête.

—Je crains malgré tout que tu ne m'acceptes pas tel que je suis, quand tu auras pu mesurer l'ampleur de mes nuisances…

— J'ai envie de découvrir le véritable Earl Grey, pas celui que tu penses que je veux voir, déclaré-je. Tu as raison : nous n'avons pas besoin du test. Je ne suis pas une femme lambda rencontrée sur Topannonces. Mais je ne veux pas que tu te sentes obligé de changer pour moi.

Earl me toise de ses yeux gris pendant plus d'une éternité.

— Je t'aime, Anna. Sans condition.

Il est trop attirant pour être repoussé. Je ne pourrais pas le quitter, même si j'essayais très fort. Notamment parce qu'il me harcèlerait jusqu'au bout du monde, mais pas seulement.

— Et je…

Je connais les mots, pourtant je ne les ai encore jamais dits à qui que ce soit. Pas même à mes parents. Les yeux d'Earl me transpercent. Au lieu de me conférer la confiance qui me fait défaut, ils me rendent nerveuse. *Ce n'est rien, Anna. Tu peux le faire.*

— Monsieur Grey… Earl… Je t'…

Je n'ai pas le temps de finir ma phrase que l'hélico percute la Space Needle. Tout devient noir.

Chapitre 23

J'OUVRE LES YEUX, ET ME TROUVE NEZ À NEZ AVEC LES seins nus de ma mère. C'est comme de renaître à l'heure de la tétée. Sauf que j'ai vingt et un ans. *C'est quoi ce bordel ?*

— Maman ? chuchoté-je.

Son mari et elle sont à mon chevet. Ils sont tous les deux à poil. Bien sûr, c'est parce qu'ils sont naturistes, mais cela me choque chaque fois. Pourtant, traverser la sécurité à l'aéroport devient une formalité, comme ils aiment à le répéter.

C'est alors que cela me revient. Le crash d'hélico. *Non !*

— Earl ! m'écrié-je.

— Calme-toi, Anna, me dit mon beau-père. Earl Grey va bien, mais tu as été blessée. Tu es à l'hôpital.

— Le moniteur cardiaque, la blouse, le lit d'hôpital…, tout s'explique ! constaté-je.

— Ton père t'a envoyé des fleurs, me signale ma mère en me désignant le pied de marijuana sur la table de chevet. La bonne nouvelle, c'est que tu vas t'en remettre. M. Grey a fait venir les meilleurs médecins du monde entier pour te soigner.

Le célèbre Dr Drew Pinsky entre alors dans ma chambre. Puisqu'il est trop beau pour porter une blouse blanche ordinaire, il est vêtu d'une chemise bleu clair rehaussée d'une cravate jaune. Ses cheveux sont coupés court, et ses lunettes semblent conçues spécialement pour son visage anguleux. Et ses bras ! En réalité, je ne discerne que ses avant-bras, grâce à ses manches retroussées, mais miaou ! *Il fait de la muscu.*

— Je vois que notre petite Cendrillon est réveillée, dit-il à ma mère et à mon beau-père. M. Grey m'a fait venir de Los Angeles pour vous soigner.

— La Belle au bois dormant, le corrigé-je.

— Pardon ?

— Le conte de fées où la fille s'endort après avoir croqué la pomme empoisonnée est *La Belle au bois dormant*, pas *Cendrillon*.

Le Dr Drew acquiesce.

— Bien sûr. Je, euh… c'était un test. Visiblement, votre cerveau fonctionne bien. C'est déjà ça. (Il me pointe un stylo lumineux dans les yeux.) Dilatation normale, constate-t-il.

Le Dr Drew sourit à ma mère et à mon beau-père.

— Pourrais-je rester un instant seul avec votre fille ? J'ai besoin de passer en revue un certain nombre de détails confidentiels relatifs à sa santé. Si vous voulez bien m'attendre dehors, je vous dirai quand vous pourrez revenir.

Ils hochent la tête et nous laissent seuls.

— Mes pupilles se dilatent. Je n'ai pas de problème de mémoire. Je peux donc sortir ? Où est M. Grey ?

— Je l'ai renvoyé chez lui à l'arrivée de votre famille, m'annonce le Dr Drew. Il a passé les soixante-douze dernières heures à votre chevet. Et j'aimerais vous garder en observation pour au moins une nuit. Vous avez souffert de plusieurs fractures aux jambes, que nous avons pu soigner grâce aux technologies médicales les plus récentes, mais nous avons dû vous plonger dans un coma artificiel pour soigner votre grosseur au cerveau.

Waouh !

— Je devais vraiment être dans un sale état.

Puis cela me revient soudain : le bébé ! Nos regards se croisent.

Il baisse les yeux.

— Je dois vous annoncer quelque chose.

— Le bébé, l'interromps-je.

Il hoche la tête.

— Le bébé va bien. Mais…

Une vague de soulagement m'inonde.

— Mais quoi ?

— J'ai fait des analyses, et votre bébé est un sadique. Comme son père.

—Quoi? Comment est-ce possible?

Ça veut dire que c'est un garçon! Mais d'un autre côté: *quoi?!*

—Il est très rare, à ce stade de la grossesse, qu'un bébé donne des coups de pied, mais je l'ai senti, et je suis sûr que vous aussi.

J'opine du chef.

—Vous êtes à moins d'une semaine. Vous imaginez ce qu'il vous fera à neuf mois?

Gasp.

—Qu'est-ce que je dois faire?

—Premièrement: Earl Grey est-il au courant?

Je secoue la tête.

—Je m'en suis moi-même rendu compte quelques jours à peine avant le crash sur la Space Needle.

—Parlez-en avec lui. Je ne dis pas qu'il n'y a aucun espoir, mais je veux que vous soyez consciente des risques que vous courez en portant le bébé de M. Grey.

—Je ne suis pas sûre de pouvoir en discuter avec lui, marmonné-je.

—Vous avez des problèmes relationnels?

—Par où commencer? Comme vous le savez, c'est un sadique. Un sociopathe égocentrique qui doit toujours absolument tout contrôler et qui traite les femmes comme des objets dont on peut abuser sexuellement et psychologiquement à loisir.

—C'est la raison pour laquelle il est si attaché à son rôle de Maître de Donjon. Interpréter ses fantasmes est sa façon toute personnelle de juguler ses pulsions sadiques. Lors d'une partie de BDSM, il a un contrôle total sur lui-même et sur ses partenaires. Avez-vous trouvé ses cabrioles excitantes ?

Je soupire.

—Oui. Parfois. Enfin, j'aime bien l'idée d'un mâle dominant Maître de Donjon faisant de moi sa chose à l'occasion. Mais j'ai l'impression qu'il se retient avec moi, comme s'il avait trop honte de ses sombres instincts pour se dévoiler librement…

Quelqu'un frappe alors à la porte, et Earl entre dans la chambre. Même s'il n'a pas dormi depuis plusieurs jours, il est toujours aussi alerte et séduisant. Il a remis son costume gris, qu'il porte comme un chef. J'imagine que c'est plutôt logique, car c'est un chef.

—Toc, toc, dit-il.

—Monsieur Grey ! hurlé-je.

Il court me prendre dans ses bras, et nous nous donnons une longue accolade qui se transforme en un baiser profond et passionné, durant lequel sa langue vient fouiller le fond de ma gorge telle une mouette plongeant entre les pavés pour récupérer une vieille frite tombée par terre. Bientôt, Earl déboutonne son pantalon, et je dénoue ma blouse d'hôpital.

—Je veux te sucer les orbites, déclaré-je.

—Eh bien, euh… je vais vous laisser, dit le Dr Drew en quittant la pièce.

Earl a déjà retiré son pantalon et son boxer avant de grimper sur le lit. Je suis nue sous lui, prête à accueillir son disco stick bien raide. Je m'aperçois du coin de l'œil que la porte de la salle de bains est entrouverte. Deux yeux de fouine nous observent.

—Attends, dis-je. Je vous vois, Dr Drew.

Il sort.

—Oh. Je, euh… me lavais les mains avant de partir. Politique de l'hôpital.

Earl l'observe des pieds à la tête, et le docteur s'empresse de sortir.

—Je vais dire à vos parents d'attendre que vous finissiez, me précise le médecin en refermant la porte.

—Bon, où en étions-nous? me demande Earl en plaquant son corps contre le mien. Oh, ça me revient: nous nous apprêtions à pénétrer dans Baiseville.

Il s'enfonce alors en moi, et mon moniteur cardiaque s'emballe complètement.

Dès que nous avons fini de forniquer, nous nous rhabillons et invitons ma mère et mon beau-père à revenir dans la chambre. Par chance, je n'ai pas à faire les présentations, car Earl les a déjà rencontrés, plus tôt dans la journée, à leur arrivée à Seattle. L'air de la pièce est saturé de notre sueur, et nos cheveux en désordre trahissent nos ébats, mais ma mère n'émet aucun commentaire. Pas plus que mon beau-père, qui arbore néanmoins un sourire entendu. D'un autre côté, ce n'est pas comme si des naturistes pouvaient se faire les champions de la bonne morale. Difficile de porter un jugement quand on a les couilles à l'air.

Earl prétend qu'il doit retourner travailler, mais, entre nous, à quel moment doit-il vraiment travailler ? Je pense qu'il cherche juste à me laisser un peu de temps en famille. Après son départ, ma mère déclare :

— Dis donc, il est mignon…

Je rougis.

— Un poil plus vieux que toi, mais je ne le chasserais pas des toilettes d'un *Burger King*, si tu vois ce que je veux dire, poursuit-elle.

Mon beau-père se contente de rire.

— Moi non plus, renchérit-il.

Sa soudaine érection indique qu'il est très sérieux.

— Arrêtez, ça me gêne.

— Nous sommes simplement heureux que tu aies enfin trouvé chaussure à ton pied, m'explique ma mère.

— Merci.

Que diraient-ils s'ils apprenaient que j'attends le bébé d'Earl Grey ? Je ne pense pas qu'ils se réjouiraient autant pour moi.

Ils m'annoncent qu'ils ont appelé Kathleen et Jin, et qu'ils leur ont laissé plusieurs messages vocaux. Je m'attends donc à entendre frapper à la porte, à les voir débarquer avec des fleurs et des ballons, mais ils restent introuvables. Je vérifie mon téléphone, posé sur la table de nuit : aucun message. Même si ma famille est à mon chevet, je ne me suis jamais sentie aussi seule. Peut-être parce que je suis la seule à porter des vêtements. Est-ce à ça que ressemblera ma vie avec Earl ? Moi à l'hôpital, lui venant me rendre des visites sexuelles, et ma mère et son mari pendouillant me tenant compagnie ? Je contemple les roses rouges qu'Earl a laissées pour moi. *Chaque rose a son épine…*

Chapitre 24

Q<small>UAND</small> <small>ON</small> <small>ME</small> <small>DÉLIVRE</small> <small>ENFIN</small> <small>L'AUTORISATION</small> <small>DE</small> sortie, le lendemain à midi, Earl Grey vient me chercher dans le plus pur style Earl Grey : même s'il a laissé tomber l'hélicoptère (complètement détruit à la suite du crash), il se gare devant l'entrée de l'hôpital dans une voiture de stock-car de la NASCAR.

— Je suis tellement content que tu ailles bien. (Il porte une combinaison de pilotage couverte des logos des sociétés qu'il possède.) J'ai cru que je t'avais perdue.

Je secoue la tête.

— Tu ne te débarrasseras pas de moi aussi facilement.

Il m'embrasse, un baiser passionné, long et profond, qui semble se prolonger à l'infini, comme une partie de base-ball minable qui s'éternise sur quarante-sept manches. Une ambulance vient se ranger derrière la voiture de stock-car d'Earl, et le conducteur écrase longuement le klaxon. Apparemment, Earl est garé sur la file des urgences. J'essaie de mettre fin à notre étreinte, mais il m'aspire la bouche de plus belle. Notre passion ne peut tout de même pas dépendre du bon vouloir d'ambulanciers grossiers, de leurs avertisseurs tapageurs et de leurs patients mourants!

Quand nos lèvres se séparent enfin, le soleil se couche, et seize ambulances sont alignées derrière l'auto d'Earl Grey. Il adresse aux conducteurs furieux un petit signe de la main et nous bondissons dans sa voiture avant de nous immiscer à toute allure dans la circulation de Seattle.

—Alors, d'où vient cette voiture? lui demandé-je une fois en route.

—Eh bien, je pourrais te dire que c'est la réplique de celle que Tom Cruise conduisait dans *Jours de tonnerre*, mais ce serait mentir. C'est l'originale.

Je secoue la tête. Ce Tom Cruise fait vraiment bander Earl Grey.

—Waouh!

—Ce n'est pas grave, ne fais pas semblant d'être impressionnée. Je préfère que tu le sois par ce que j'ai entre les jambes que par ce que je pilote.

—Ça ne devrait pas poser de problème, monsieur Grey. (Je souris. Il se tourne vers moi et me sourit en retour.) Mais veuillez regarder la route, monsieur.

—Un point pour toi, répond-il en se redressant.

—Où va-t-on? m'enquiers-je.

—J'ai une surprise pour toi, réplique-t-il en se précipitant vers les collines.

Vingt minutes plus tard, nous garons le véhicule dans l'allée d'un manoir isolé dominant Seattle. Le soleil couchant est aussi magnifique que romantique.

—Qui habite ici? demandé-je.

—Eddie Vedder, répond-il en coupant le moteur. Mais la maison est en vente. Je voulais avoir ton avis.

Nous descendons de voiture.

—Tu veux l'acheter?

—Seulement si elle te plaît.

Earl extrait une clé de sa poche pour ouvrir le manoir.

—Eddie est en tournée avec Pearl Jam, il m'a prêté sa clé pour qu'on puisse l'essayer, m'explique Earl avec un sourire narquois et coquin.

Nous entrons. Comme tout ce qu'Earl peut me montrer, c'est fantastique. L'agencement de couleurs vives, l'ameublement futuriste, les aquariums occupant des pans de mur entiers à l'intérieur desquels nagent des femmes nues… Dès que j'ai franchi la porte, je sais que c'est là que je veux passer le restant de mes jours. Le restant de nos jours.

—C'est toi qui as fait la déco, ici aussi?

Earl acquiesce.

—Exactement, bébé.

—Tu as tellement de talent…

Cela semble injuste qu'un homme puisse être si beau, si talentueux et si riche à la fois, et pourtant : Earl Grey a la totale. Ma pétasse intérieure secoue la tête. *C'est au moins la cinquantième fois que tu le répètes, presque mot pour mot.* Je m'apprête à lui rétorquer de retourner se permanenter quand je sens un coup de pied à l'intérieur de mon ventre. Le bébé ! Cela me rappelle le sadisme d'Earl. Tout l'argent du monde suffira-t-il à compenser la douleur qu'il va m'infliger dans le but de satisfaire à ses désirs tordus ?

Earl me fait visiter le manoir. Il comporte seize salons, un studio d'enregistrement, une salle de bowling dotée de trente-deux pistes, et deux salles de bains et demie.

—Pour couronner le tout, dit Earl, il y a même une chambre d'amis, quand tes parents viendront nous rendre visite.

—Ou mes amis, suggéré-je.

Cela n'a pas l'air de lui plaire, mais il hoche la tête malgré tout.

—S'ils veulent dormir ici, bien sûr. Mais Jin devra passer la nuit dans l'écurie.

J'en reste bouche bée.

—Pourquoi te sens-tu parfois obligé de te comporter en vrai connard ?

—Je l'ignore. Je suis désolé. Tu comptes beaucoup pour moi. Et ton petit poney n'aspire qu'à t'ôter ta petite culotte. Je me dois de protéger ce qui m'appartient.

—Donc, je suis ta chose, rétorqué-je d'un ton cassant.

—Si tu le veux bien, oui. Je t'ai déjà fait part de mes sentiments pour toi.

Et j'allais en faire autant, quand tu t'es écrasé dans cette foutue Space Needle.

—Que t'est-il arrivé, pour que tu te comportes ainsi ? lui demandé-je, évitant pour l'instant de prononcer le mot de cinq lettres.

Il ne me répond pas. Nous entrons dans le *Starbucks* installé chez Eddie Vedder. Earl commande un Pike PlaceTM Roast puis m'observe avec espoir.

—Qu'est-ce que tu prends ? Comme d'habitude ?

J'opine du chef.

—Un Earl Grey. Bien chaud.

Il paie, et nous allons nous asseoir sur le patio dominant Seattle. Le soleil se couche encore.

—Est-ce qu'il fait toujours aussi beau, à Seattle ? Je croyais qu'il pleuvait sans arrêt.

Earl éclate d'un rire malicieux.

—Cela fait partie de la campagne anti-touristes de la ville, déclare-t-il. En réalité, il ne pleut jamais à Seattle.

Je sirote mon Earl Grey. Il est chaud, mais pas autant qu'Earl Grey.

—Tu n'as jamais répondu à ma question, insisté-je. Que t'est-il arrivé durant l'enfance ?

—Tu voudrais savoir pourquoi je suis tellement sadique ? Pourquoi je prends du plaisir à infliger du mal ?

—Oui.

—Mon père a été tué par un chauffard ivre quand j'étais bébé. Ma mère m'a élevé toute seule. Malheureusement, elle était accro aux jeux. Elle vivait quasiment dans les casinos. En réalité, je n'ai que des bribes de souvenirs d'elle et de sa choucroute. Je me rappelle m'être senti très seul.

» Quand j'avais quatre ans, ma mère m'a perdu lors d'une partie de poker à fort enjeu face à Bill Gates. M. Gates m'a emmené à Seattle, mais il ne voyait pas l'intérêt de servir de père au fils de cette incorrigible parieuse. Il m'a alors donné 16 milliards de dollars et placé en famille d'accueil.

—J'ignorais que tu avais eu une vie si difficile, dis-je. Et où est ta mère, à présent?

Il secoue la tête et se perd dans la contemplation du soleil couchant.

—J'ai essayé de la retrouver un jour, mais j'ai découvert qu'elle était morte d'une overdose de jeux.

—Ça me brise le cœur.

—Le Dr Drew m'a expliqué que, quand j'attachais des femmes pour les fesser, j'extériorisais en réalité la colère que je ressens à l'égard de ma mère.

—Et tu y crois?

—Je ne sais pas. J'ai été perdu pendant des années. J'étais membre des clubs d'accros aux marshmallows et chocolats. Mes notes en ont pâti, à l'école. Quand j'ai eu douze ans, un camarade m'a fait découvrir *AD&D*.

—*AD&D*?

—*Advanced Donjons et Dragons*, explique-t-il. Un jeu de rôle. En faisant semblant d'être quelqu'un d'autre, j'arrivais à fuir ma vie chaotique. Quand je suis devenu Maître de Donjon et que j'ai commencé à écrire mes propres scénarios, je me suis rendu compte que j'aimais bien tout contrôler. Que je n'étais pas à la botte de Bill Gates ou de mes parents adoptifs.

» Hélas, cet âge d'or ne dura pas éternellement. Quand mes amis commencèrent à rencontrer des filles et à vivre leurs premières expériences sexuelles, ils abandonnèrent le jeu de rôle. Bientôt, mes propres hormones entrèrent en ébullition. C'est alors que j'ai découvert le BDSM – Bardes, Dragons, Sorcellerie et Magie. Le jeu de rôle érotique grandeur nature.

—Je ne comprends pas pourquoi tu ne m'as pas expliqué ça plus tôt? m'étonné-je.

—Je ne t'ai jamais caché avoir cinquante nuisances. Le jeu de rôle en fait partie. Nickelback ou *Pizza Pino* en sont deux autres.

—Mais pourquoi en as-tu honte?

—Un homme aussi riche que moi n'est pas censé apprécier ce genre de choses. On s'attend à ce que je boive du pinot noir à 300 dollars la bouteille en écoutant de la musique classique. Pourtant, je n'aime que les plaisirs coupables. Je ne peux pas les partager avec les autres riches du Country Club. Cette honte que je ressens est le seul moyen de concilier mes désirs avec ce besoin de m'intégrer dans la case dévolue aux aristocrates.

— Mais tu ne pourrais pas, je ne sais pas, aimer la même chose que les autres riches ? Serait-ce si compliqué ?

Earl secoue la tête.

— On ne choisit pas plus ce que l'on aime que ceux que l'on aime.

— As-tu déjà vécu une relation normale ?

— Tu es ma première, avoue-t-il. Et, avec un peu de chance, ma dernière.

— À t'entendre, on dirait que tu envisages de me tuer, murmuré-je.

Il rit.

— Je ne te tuerai jamais, m'assure-t-il. Je paierais peut-être quelqu'un d'autre pour le faire, mais je ne m'en chargerais pas tout seul.

— Me voilà rassurée.

— Je suis sincère. Je ne pourrais pas te faire de mal.

— Même si je le voulais ?

— Que je te fasse mal ? Pourquoi désirerais-tu une chose pareille ?

— Je veux te connaître sous ton plus mauvais jour. Je veux que se déchaîne sur moi la fureur du salopard sadique qu'est Earl Grey. Si tu veux que je m'installe avec toi, si tu veux que je t'aime, j'ai besoin de savoir à quoi m'attendre.

Il plisse ses yeux gris.

—Tu en es sûre? me demande-t-il.

J'acquiesce. Je me rends compte que les deux premières phalanges de mon index ont disparu dans mon nez, et je m'empresse de les en ressortir avant qu'Earl puisse me réprimander.

Il secoue la tête.

—Je dirais bien : «Qu'est-ce que je vais faire de toi, Anna?» Mais je sais exactement ce que je vais faire de toi.

Il m'attrape par le poignet et m'entraîne jusqu'à sa voiture de stock-car, qu'il conduit comme un Cullen en direction du centre-ville. Je sais où nous nous rendons : au Dortoir du Mâle. Nous allons enfin nous adonner au jeu de rôle.

Chapitre 25

—On est suivis, m'annonce Earl en jetant un coup d'œil dans le rétroviseur intérieur.

Je regarde dans celui qui est extérieur de mon côté. Une unique paire de phares se rapproche de nous.

—Comment sais-tu qu'il nous suit ?

(Nous sommes sur un tronçon à double sens de la route menant à Seattle, et les virages fréquents limitent le nombre d'endroits où l'on peut dépasser.)

—Peut-être que c'est juste un connard qui te colle au cul…

Earl secoue la tête.

—C'est le même PT Cruiser argenté que j'ai déjà aperçu à l'aller. Il a continué sa route quand on a tourné dans l'allée de la maison d'Eddie Vedder, ça m'était donc sorti de l'esprit.

—Tu aurais dû m'en parler.

—Et t'effrayer sans raison ? réplique-t-il en appuyant sur le champignon.

À présent, nous embrassons les virages à plus de 300 kilomètres-heure.

—Ralentis ! hurlé-je. Là, tu me fais peur.

—Je suis désolé, Anna, mais je dois le semer. Cette bagnole est faite pour la vitesse.

—Je croyais qu'il s'agissait aussi d'un accessoire pour un film vieux de trente ans ?

—Eh bien, oui, admet-il.

—Et, de toute façon, j'ai déjà vu des courses de NASCAR. En cas d'accident, ces voitures sont complètement détruites et s'enflamment.

—Alors comment veux-tu que je nous débarrasse de notre ami ?

—Je ne sais pas. Tu as un flingue ?

—Tu penses que je transporte une arme dans la boîte à gants de ma voiture de stock-car, Anna ? Pour quel genre de bandit me prends-tu ?

—Je suis désolée, dis-je.

—Tu viens toutefois de me donner une idée. Je crois qu'il y a un bazooka sur la banquette arrière. Tiens, prends le volant.

Nous roulons désormais à près de quatre cents kilomères-heure, mais nous intervertissons les rôles sans ralentir. Ce n'est qu'une fois à la place du conducteur qu'un détail important me revient.

— Je n'ai pas le permis.

— Ne t'inquiète pas, dit-il en se penchant sur la banquette arrière pour ouvrir un étui à violon démesuré.

Il en extrait un bazooka.

— Mais je n'ai même jamais conduit, protesté-je.

Mon pied écrase à fond l'accélérateur tandis que je tourne le volant. Ça ressemble juste assez à *Super Mario Kart* pour que je ne m'en tire pas trop mal.

— Tu t'en sors très bien, m'assure Earl en chargeant son bazooka.

— Dieu merci, ce n'est pas une boîte manuelle.

J'ai entendu beaucoup de choses à ce sujet. Si les leviers de vitesse permettent de faire beaucoup de blagues à double sens, il paraît qu'ils sont très durs à manipuler.

Earl se tourne vers moi, un masque de confusion sur le visage.

— *C'est* une boîte manuelle, Anna.

Oh, oh.

— Mais ne t'en fais pas, ajoute-t-il. Je vais me contenter d'un coup de semonce. Ça devrait le faire reculer, et, avec un peu de chance, tu n'auras pas à changer de rapport. D'accord ?

J'opine, tandis que les collines défilent à notre droite… et que des falaises de trois cents mètres nous menacent sur notre gauche. *Gasp.*

Earl essaie de baisser sa vitre, mais elle est bloquée.

—Tu peux retirer la sécurité enfant? me demande-t-il.

Alors que je cherche le bouton concerné sur ma portière, le PT Cruiser qui nous poursuit vient cogner contre notre pare-chocs. Je saisis le volant à deux mains et me mets à hyperventiler.

—Je n'y arriverai pas, dis-je.

Earl m'attrape le bras et me fixe fixement droit dans les yeux avec ses yeux couleur acier durs comme de l'acier. Malgré la pénombre ambiante, ils sont plus magnifiques et luminescents que jamais. Qu'ai-je donc fait pour mériter un homme aussi parfait?

—Tu vas y arriver, m'affirme-t-il. À présent, déverrouille la fenêtre et garde les yeux sur la route et le pied sur l'accélérateur.

—Chef, oui, chef! réponds-je, tout sourire.

Je trouve enfin la sécurité enfant et la désactive, de sorte qu'Earl peut enfin abaisser sa vitre.

Il me sourit.

—Montrons à ce FDP ce qui arrive à ceux qui courent sur le haricot d'Earl Grey! (Il se penche par la fenêtre et vise le PT Cruiser.) Je vais le défoncer! s'exclame-t-il en tirant.

Toutes ces histoires de haricot et de défoncer m'excitent au plus haut point. J'ai hâte d'arriver à son penthouse…

Le PT Cruiser explose derrière nous en un brasier infernal qui illumine la montagne. *Waouh.* Earl reprend le volant, ralentit, puis fait demi-tour.

—Je croyais que ce n'était qu'un coup de semonce? m'étonné-je.

—Oui, c'est ce que j'ai voulu faire, admet-il. Mais je ne m'étais encore jamais servi d'un bazooka. La boulette.

—Tu crois qu'il y a des survivants?

Il secoue la tête.

—Je l'ignore, mais on va vite le découvrir.

Earl roule jusqu'à l'épave, qui brûle toujours. Il laisse tourner le moteur, les phares braqués sur les décombres, et descend de voiture. Je l'imite.

Un corps recroquevillé gît au sol à côté du métal gauchi. Earl le fait rouler sur le dos. C'est une vieille femme couverte de sang et de contusions, que je reconnais instantanément comme étant l'une des hôtesses d'accueil du *Wal-Mart*.

—Mère! s'exclame Earl.

—Oh, mon bébé, réplique-t-elle faiblement.

Elle a une tête horrible, ce qui n'a rien d'étonnant, vu qu'elle vient de survivre à une poursuite de voitures qui s'est achevée par un tir de bazooka.

—Je te croyais morte, dit-il en la berçant dans ses bras.

—J'ai simulé mon décès afin que tu ne puisses jamais me retrouver, explique-t-elle. Je ne voulais pas que tu voies ta pauvre mère comme une accro au casino. Même après que j'ai exécuté mon croupier de black-jack d'une balle dans la tête et que j'ai décroché, je savais que je ne serais qu'un boulet pour toi. Après ma cure de désintox, j'ai postulé pour le seul job qu'une ancienne junkie faisant trente ans de plus que son âge puisse décrocher dans ce pays…

—Hôtesse d'accueil au *Wal-Mart*, complété-je.

—Exactement, confirme-t-elle. J'avais fait une croix sur toi, Earl. Jusqu'à la semaine dernière, quand tu as franchi ces portes automatiques et que tu es revenu dans ma vie.

—Au *Wal-Mart* de Portland, comprend-il.

—Oui. Tu ne m'as pas vue – personne ne regarde les hôtesses d'accueil –, mais je t'ai immédiatement reconnu. Tes cheveux en bataille, tes yeux gris pénétrants et tes longs doigts n'ont pas changé depuis ta naissance.

Il secoue la tête, incrédule.

—Mais pourquoi nous avoir suivis ? Pourquoi n'avoir pas essayé de me téléphoner ?

—Je ne savais pas si tu voudrais me parler, admet-elle en crachant un poumon. (Earl le repousse du revers de la main.) Toutefois, je voulais m'assurer que tu allais bien. T'espionner discrètement semblait être la seule solution possible.

Telle mère, tel fils…

—Maintenant que je te sais vivante, je ne te laisserai plus me quitter, déclare Earl. Tu ne mourras pas dans mes bras !

Il la hisse sur son épaule et la ramène à la voiture de stock-car. Puis il ouvre le coffre et la jette à l'intérieur.

—En route ! lance-t-il.

Nous retournons à Seattle en silence et à toute allure. Je donnerais n'importe quoi pour savoir ce qui lui trotte par la tête à cet instant! Il grince des dents, sans quitter la route des yeux.

Nous retournons à l'hôpital dont je viens de sortir, et Earl extrait sa mère du coffre. Il la soulève comme une plume et, une fois dans la salle d'attente, la laisse tomber sur un fauteuil roulant. Elle est pâle et inconsciente. Peut-être même qu'elle ne respire plus.

— Est-ce qu'elle va s'en sortir? demandé-je à Earl, qui envoie des textos depuis son BlackBerry.

— Le Dr Drew sera là d'une seconde à l'autre. Il saura quoi faire.

— Mais j'ai l'impression qu'elle ne respire plus. Tu ne penses pas qu'on devrait tenter une manœuvre de Heimlich, ou un truc dans le genre?

Earl observe son corps sans vie.

— Elle n'a pas l'air en forme, je te l'accorde.

Elle ouvre subitement les paupières.

— Je n'ai jamais l'air en forme, marmonne-t-elle.

— Bon sang de bois, dit Earl. J'ai cru t'avoir perdue de nouveau.

— Je vais m'en sortir, répond sa mère. Je ne souhaite que ton bonheur. Vous pouvez partir, mes enfants. Allez vous amuser.

— Tu en es sûre? insiste Earl. On avait bien un truc pervers en tête, mais ça peut attendre.

Sa mère secoue la tête.

— Faites-vous plaisir. Si vingt années passées à glisser des pièces dans des fentes de bandits manchots ne m'ont pas tuée, ce n'est pas un petit accrochage en voiture qui aura ma peau.

Earl l'embrasse sur le front.

— Je reviendrai te voir.

Il me prend la main. Alors que nous nous apprêtons à quitter l'hôpital, il s'arrête sur le seuil.

— Merci pour tout, me dit-il en me soulevant le menton pour me forcer à le regarder dans les yeux. Je n'aurais pas supporté de voir ma mère revenir d'entre les morts sans ta présence.

Earl m'embrasse avec passion. Il est si délicat que j'en oublie un instant qu'il s'apprête à me ramener dans son penthouse pour me montrer l'étendue de son sadisme. Pour le moment, je me contente de la sensation que me procure le contact de nos lèvres.

Chapitre 26

—Penche-toi sur le lit, m'ordonne Earl.

Il a troqué sa combinaison de pilote pour une veste en cuir noir et un kilt en flanelle. Des prothèses en caoutchouc lui servent d'oreilles pointues. Je dois m'adresser à lui avec toute la déférence due à Nakroitin, le chef de guerre elfique. Je suis complètement nue, en dehors de la paire d'ailes féeriques qu'il m'a accrochée dans le dos. Mon nom de princesse fée est Labiamajora.

—Ne bouge pas.

Earl me laisse ainsi accroupie sur le bord du lit à eau. Je suis comme hypnotisée par les bulles de lave verte qui se séparent et s'agglomèrent à l'intérieur de la lampe de chevet. Un léger tintement me signale son retour. Qu'est-ce qu'il mijote? Ma pétasse intérieure se tapit dans son solarium.

—Le conseil des elfes vous a déclarée coupable d'avoir dérobé de l'hydromel dans nos réserves. Que plaidez-vous?

—Coupable, réponds-je en me fiant à la réplique qu'il m'a fait apprendre par cœur avant le début de notre « partie ».

J'essaie de tourner la tête pour voir avec quoi il s'apprête à me frapper, mais il m'ordonne de plaquer mon visage contre le matelas et de fermer les yeux.

—Je vais lancer un dé à vingt faces pour déterminer combien de coups tu mérites pour tes crimes contre le royaume, m'explique-t-il.

J'entends le dé rouler sur la table de nuit.

—Dix-neuf, annonce-t-il.

Gasp.

—Vous devrez compter chaque coup à haute voix. C'est bien compris?

Je hoche la tête. Il me caresse les fesses à mains nues. C'est agréable. Et si on se massait mutuellement, plutôt? Je ferme les yeux et me mords la lèvre, prête à recevoir mon châtiment.

« CLAC! » Je sens une surface plate s'abattre sur ma fesse gauche à pleine vitesse. Le tintement qui l'accompagne m'indique qu'il se sert de son tambourin. Je m'attendais à hurler de douleur, mais j'ai des jeans skinny qui me font plus mal que ça.

—Comptez! hurle-t-il.

—Attends, Narkoitin. Temps mort.

—Temps mort?

— Est-ce que je dois compter une claque par fesse ? Ou juste le nombre de claques ?

— Je n'y avais pas réfléchi, admet-il. Disons une par fesse. Et c'est Nakroitin, pas Narkoitin.

— D'accord. Alors : une !

Je meurs d'envie d'éclater de rire, mais je parviens miraculeusement à me retenir.

— C'est bien, Labiamajora. Le conseil des elfes sera ravi d'apprendre que vous avez volontiers accepté votre punition.

Il m'assène un nouveau coup de tambourin.

— Deux ! hurlé-je.

Je dois déployer des efforts considérables pour ne pas rire.

— Trois ! m'écrié-je au troisième coup.

Cette fois, un léger gloussement s'échappe de mes lèvres. Peut-être que s'il me faisait vraiment mal j'arriverais à me contenir. Mon cul picote à peine.

Il fait mine de n'avoir rien entendu et abat de nouveau son tambourin.

— Quatre !

Je suis soudain prise d'un irrépressible fou rire.

Il me fesse, encore, et encore, et encore. Chaque fois que la peau tendue de l'instrument heurte la mienne, je compte à voix haute. Et ricane. Ma voix se dérobe. Le « Dix-sept ! » meurt étouffé dans ma gorge. Je suis prête à jeter l'éponge. Je n'en peux plus. J'ai horriblement mal aux abdos à force de rigoler.

—Comptez, Labiamajora, me réprimande-t-il d'un ton sévère.

Je fais un immense effort pour reprendre mes esprits.

—Dix-sept!

Je crois avoir enfin réussi à me calmer quand un ricanement m'échappe.

—Vous trouvez ça drôle? tempête-t-il en me cognant derechef.

À présent, je ris si fort que des larmes ruissellent sur mes joues.

—Comptez! braille-t-il.

—Je ne peux pas, m'excusé-je à mi-voix.

—Quoi, vous ne savez pas ce qui vient après dix-sept? On ne vous apprend donc rien, dans les pensionnats féeriques?

—Si, gémis-je.

—«Si» n'est pas un nombre, me corrige-t-il en me réprimandant de plus belle.

—Dix-huit! m'exclamé-je. Dix-neuf!

Mes jambes se dérobent, et je m'écroule au sol en me tenant le ventre.

Lorsque j'ai enfin recouvré mon souffle, je me relève tant bien que mal. Earl est allongé sur le lit à eau, la tête enfouie dans ses avant-bras. Je m'assieds à côté de lui et pose un bras sur son dos.

—Va-t'en! me lance-t-il avec humeur.

—Je suis désolée. J'ai bêtement pensé à « 1, 2, 3, Soleil », et le tambourin produisait ce tintement ridicule, et je t'ai imaginé avec tes petites oreilles pointues, et… je n'ai pas pu me retenir.

Il relève la tête et me contemple de ses yeux gris.

—Tu penses que tout ceci n'est qu'un jeu? s'exclame-t-il en désignant d'un large geste le Dortoir du Mâle dans son ensemble.

—Tu veux que je sois honnête? Je vais être honnête. Tu te comportes comme si quelque chose ne tournait pas rond chez toi, comme si tout ce que tu aimais était soit gênant, soit effrayant. Flash info, monsieur Grey: on n'est plus en 1950. Non mais allô, quoi. Vous me recevez? Tes goûts sexuels ne sont ni aussi choquants ni aussi déviants que tu sembles le penser. Pas plus que les autres choses que tu aimes. Peut-être que, si tu ne prenais pas tant à cœur cette histoire de cinquante nuisances, elles me feraient moins rire.

—Je te l'ai dit: je ne peux pas m'imaginer «normal». Cela fait partie du personnage que je me suis construit. C'est grâce à ça que j'ai survécu à mon enfance tumultueuse. C'est grâce à ça que je survis, jour après jour.

Je soupire. Si je décide de m'installer avec lui, de lui avouer mes sentiments, de porter son bébé (oups, je l'avais encore oublié, celui-là), je n'aurai d'autre choix que de me soumettre à lui et de supporter son autoapitoiement perpétuel. On ne peut pas défaire Earl Grey de ses cinquante nuisances. Pourquoi ne suis-je pas tombée amoureuse d'un homme relativement normal, comme mon ami issu d'une minorité ethnique et culturelle, Jin, le fan de *Mon petit poney*?

—Je ne peux plus le supporter! dis-je en quittant à grandes enjambées le Dortoir du Mâle.

—Anna! s'écrie Grey.

Il ne me court pas après. Je pense que c'est ce qu'il voulait, de toute façon: me faire fuir. *Eh bien, bravo, c'est réussi.*

J'appelle ma mère depuis le *Starbucks* d'en face. Elle est toujours en ville et accepte de venir me chercher sans attendre. Après avoir raccroché, je me rappelle que je suis complètement nue, à l'exception de mes ailes de fée. Oh, tant pis: ce n'est pas ma nudiste de mère que ça va gêner. Les clients du *Starbucks* ne semblent toutefois pas aussi ouverts d'esprit.

—Quoi, vous n'avez encore jamais vu de fée à poil?

Une dizaine de personnes de tous les sexes secouent la tête.

—Pas dans un *Starbucks*, me répond l'ado qui travaille au comptoir. C'est la juxtaposition d'un corps de femme nu et de ce banal établissement franchisé aux règles d'hygiène très strictes qui rend la situation excitante. Et puis les ailes sont vraiment zarbies.

—Grandissez un peu, rétorqué-je.

Je me souviens alors d'une chose que Kathleen m'a dite un jour et qui pourrait bien faire diversion.

—Sur le premier logo du *Starbucks*, on voyait les seins de la sirène. Allez donc mater ses double *latte*.

Tout le monde sort son iPhone, son Android ou je ne sais quel smartphone existant aujourd'hui et cherche sur Google la preuve de ce que j'avance. Quand ma mère se gare devant le restaurant, je m'esquive sans que personne me remarque : évidemment, ils sont tous en train de se branler devant l'ancien logo. Heureusement qu'ils ont changé d'image : il y a déjà bien assez de gens qui se masturbent dans les toilettes du *Starbucks*.

Chapitre 27

Voilà une semaine que j'ai quitté Earl Grey, et il n'a pas cherché à me recontacter. En attendant, je loge chez mon père, à Portland. Je n'ai pas envisagé une seule seconde de retourner dans le duplex que je partage avec Kathleen : elle m'en veut sans doute toujours terriblement. En outre, chaque centimètre carré de l'appartement est probablement encore sous la surveillance constante d'Earl Grey, un harceleur milliardaire hors du commun.

Mon père n'arrête pas de me tanner pour que je trouve un boulot. J'étais si absorbée par ma nouvelle vie avec Earl Grey que j'ai complètement oublié que je travaillais au *Wal-Mart*. Bien sûr, ils me reprendraient en un clin d'œil – Earl Grey les y contraindrait, sous peine de virer mon boss, de liquider la boîte ou je ne sais quoi d'autre. Cependant, je ne me vois pas y retourner. Ça ne m'a jamais vraiment plu, et il me tarde de tourner la page. J'ai postulé chez Amazon, une petite maison d'édition basée à Seattle. Ils cherchent à recruter dans leurs entrepôts, ce qui me permettrait de mettre un premier pied dans le monde du livre. À force de travail, je pourrais devenir éditrice après quelques années.

Je dors dans mon ancienne chambre pour la première fois depuis que j'ai emménagé avec ma mère après le divorce de mes parents. Elle est exactement comme je l'ai laissée à l'époque, jusqu'aux peluches et au poster de NSYNC. C'est un endroit paisible, une sorte de retour dans l'utérus, pourtant mon esprit est en ébullition. Mon père est au travail, et je suis allongée sur mon lit, tout habillée, dans l'espoir de faire un petit somme. Je ferme les yeux. Mes pensées dérivent invariablement vers Earl Grey. Vivre ensemble serait donc vraiment si terrible ? J'ai beau tout faire pour le détester, mon corps ne ressent qu'un désir croissant à son égard…

Je déboutonne le haut de mon chemisier. Cela me laisse juste assez de place pour y glisser la main. J'introduis mes doigts entre mon soutien-gorge et mon sein gauche. Je trace le tour de l'aréole, puis pince fermement mon téton durci. J'imagine Earl Grey, mon merveilleux chevalier dans son armure dorée, frapper à la porte de ma chambre et me demander une petite gâterie. *Si ça ne te dérange pas.* (Pas du tout.) Il referme la porte. Je tombe à genoux et me précipite avidement sur sa ceinture, la lui arrachant comme j'arracherais le ruban du plus gigantesque cadeau de Noël de l'histoire. Je fais coulisser la fermeture à glissière de ses chausses…

Je déboutonne mon propre jean afin de pouvoir y plonger la main. Je laisse échapper un léger gémissement. Je n'arrive pas à croire que je n'ai jamais fait ça avant!

Quand je rouvre les yeux, le réveil sur ma table de nuit indique 9 h 30. Je suis toujours allongée, à moitié débraillée. Merde, je devais vraiment être crevée… Voilà une semaine que je ne fais rien d'autre que dormir, manger et regarder la télé avec mon père. Je ne me rappelle même pas être allée au bout de ma séance solo. Heureusement que j'étais seule! Et si je m'étais endormie pendant qu'Earl Grey s'occupait de moi dans son Dortoir du Mâle? Comment m'aurait-il «punie»? Je reboutonne mon jean et m'assieds sur le lit.

J'allume la lampe. L'iPad qu'Earl m'a offert est posé sur la table de chevet. Je ne l'ai plus touché depuis une semaine, mais puisque Earl n'a pas essayé de m'appeler, je doute qu'il m'ait écrit. Malgré tout, la curiosité l'emporte et… j'ai un mail! De sa part!

De: Earl Grey <earlgrey50@hotmail.com>
Objet: Je te souhaite une belle vie
Date: 6 juin, 8:39
À: Anna Steal <annasteal@hotmail.com>

Chère mademoiselle Steal…

Voilà une semaine que tu m'as quitté, et j'ai toujours le cœur brisé. Tu m'as vu sous mon jour le plus sadique et le plus embarrassant, et, comme je m'y attendais, je suis un poil trop déviant pour toi. Puisque nous ne pouvons pas être ensemble, à quoi bon continuer à vivre ? Pour m'acheter tout ce qui me plaît, quand ça me plaît, avec mon invraisemblable fortune ? Plus rien n'a d'importance. La seule chose qui me manque, c'est toi.

Oh, et les dernières nouveautés Apple. J'imagine que je n'ai donc que deux désirs dans l'existence : toi, et les dernières nouveautés Apple.

Et l'album de la reformation de Guns N' Roses. Ça fait donc trois choses : toi, les dernières nouveautés Apple, et l'album de la reformation de Guns N' Roses.

Non, laisse tomber l'album de la reformation. Les derniers disques du groupe étaient tout juste moyens, et les projets solos d'Axl et Slash sont nuls à chier, les paroles sont nazes et les riffs tout pourris. J'ai dû me laisser rattraper par la nostalgie. Donc, je récapitule : les deux seules choses que je désire encore sont toi et les dernières nouveautés Apple.

Earl Grey

P.D.G., Earl Grey Corporation

Je lui envoie une réponse sans tarder :

De : Anna Steal <annasteal@hotmail.com>
Objet : RE : Je te souhaite une belle vie
Date : 6 juin, 21:56
À : Earl Grey <earlgrey50@hotmail.com>

Monsieur Grey...

Aujourd'hui, je me suis touchée pour la première fois.
J'ai pensé à toi. J'ai pensé à nous...

Nous vivons dans un monde de fous. Un monde
cinquante fois plus tordu que tu ne le seras jamais.
Ne fais pas l'idiot. Si le destin veut que nous nous
retrouvions, nous nous retrouverons. Sinon, comment
nous le reprocher mutuellement ?

Anna

P.-S. Je suis en cloque.

Une seconde après que j'ai appuyé sur «envoyer», on frappe à ma fenêtre. Je pose l'iPad, traverse la chambre et ouvre les rideaux en grand. Ce n'est pas Earl Grey que je vois, mais Jin.

— Je peux entrer? demande-t-il d'une voix étouffée par le carreau.

Il porte un bermuda en jean moulant et semble avoir égaré son tee-shirt. Ses muscles roulent au clair de lune. *Oh, mince!*

Chapitre 28

J'ouvre la fenêtre coulissante. Jin m'attend patiemment sur le rebord, debout sur l'échelle qui lui a permis d'arriver jusqu'à moi. Malheureusement, malgré tous mes efforts, je n'arrive pas à retirer la moustiquaire.

— Tu ne veux pas passer par la porte ? lui demandé-je.

Il marmonne quelques mots dans sa barbe et redescend les échelons. Trente secondes plus tard, je l'entends gravir l'escalier. Je déverrouille la porte de ma chambre et l'accueille d'une étreinte gênée.

— Salut, toi, lui dis-je.

— Salut à toi aussi, répond-il.

Nous nous asseyons sur le lit, à bonne distance l'un de l'autre. Je ne veux pas qu'il se fasse de fausses idées : ma relation avec Earl Grey a beau être branlante, cela ne signifie pas pour autant que ma banque de sperme accepte les donations.

—J'ai entendu dire que tu étais revenue, m'informe Jin.

—Tu as bien entendu.

—J'ai vu l'accident à la télé. Kathleen et moi te croyions morte et enterrée.

—Eh non.

—En effet.

—Ainsi, vous avez entendu parler du crash. Je commençais à me demander si…

—Tu te posais des questions ? Pourquoi ? Parce que nous ne sommes pas venus te voir à l'hôpital ? J'ai essayé, crois-moi. Mais le service de sécurité était sur les dents à cause de ce célèbre médecin qui te soignait, et seule la famille proche avait le droit de te rendre visite.

Et Earl Grey, intervient ma pétasse intérieure.

—Comment ça se passe avec tes poneys ?

—Je ne savais pas trop comment ils réagiraient après que j'ai succombé à la colère à *L'Éclipse* et que je me suis battu avec ton petit ami, mais ils ont fait preuve d'un soutien incroyable. J'ai appris que même les fans de *Mon petit poney* étaient souvent en proie à des sentiments tels que la rage. Ça m'a fait beaucoup de bien de pouvoir en discuter avec eux.

—Et ton job de modérateur du site ponyexpression.net ?

—Tout va bien. C'est le meilleur boulot que j'aie jamais eu – et puisque j'ai gagné 1 million de dollars, je n'ai plus à me soucier de chercher un «vrai» travail bien ennuyeux. J'ai même trouvé une petite maison d'édition à compte d'auteur australienne qui serait d'accord pour publier ma fanfiction.

—C'est fantastique, Jin! J'ai toujours cru en toi. Comment vont tes couilles?

—Celle qui me reste se porte bien.

Le ton de sa voix m'indique que le sujet est encore douloureux, je m'empresse donc d'en changer.

—Comment va Kathleen?

—Après nous avoir plongés dans le Pacifique, elle a décidé de se racheter une conduite. Elle savait qu'elle avait un problème de longue date, mais c'est l'accident qui lui a fait sauter le pas. Façon de parler. Je l'ai déposée dans un centre de désintoxication. Si elle parvient à rester sobre pendant trente jours, elle entrera en centre de réadaptation. Jusqu'ici, tout va bien.

—C'est toujours une c...?

—Bien sûr. Ça reste Kathleen, répond-il avec un grand sourire. Mais elle aimerait bien que tu ailles lui rendre visite. Elle voudrait savoir si tu comptes toujours t'installer à Seattle avec elle. Tu sais ce que tu vas faire, au moins?

—L'avenir est encore un peu flou. J'ai postulé à un boulot là-bas, mais je n'ai pas encore eu de réponse.

—Tu es en train de vivre son rêve, tu sais? Tu flirtes avec un boss canon, tu traînes à Seattle...

Je secoue la tête.

—Il ne faut pas qu'elle le prenne personnellement.

—Tu le vois toujours ?

—Qui ça ?

—Allons, Anna… Nous sommes amis depuis combien de temps ? Quatre ans ? Tu peux tout me dire.

—Je ne suis pas sûre de sortir encore avec Earl Grey, rétorqué-je. C'est compliqué.

Jin secoue la tête.

—Pourquoi l'amour est-il si compliqué ?

—Parce que ce qui est bon ne vient pas facilement.

Jin pose la main sur mon genou.

—Moi, je viens facilement.

J'essaie d'imaginer le tour que prendrait ma vie si je succombais à ses avances. Nous avons toujours été bons amis. Si nous passions à l'étape supérieure, notre relation en pâtirait-elle ? Je dois bien reconnaître qu'elle a pris un sacré coup depuis l'arrivée d'Earl Grey, qui a fait remonter à la surface toute cette tension sexuelle que Jin et moi réprimions depuis des années. Surtout moi. Et voilà que cette tension rejaillit par le bermuda en jean de Jin. Ce serait si simple de me pencher vers lui, de déboutonner son short et de…

On frappe à la porte. *Oh non !* Serait-ce Earl Grey ?

Nan. Mon père entre dans la chambre. Jin retire sa main de mon genou.

—Oh, pardon. Je savais pas que t'avais d'la visite.

—Papa, je te présente Jin. Il est fan de *Mon petit poney.*

Ils se serrent la main.

—Alors c'est pas le type qui t'a crashé dans l'hosto, hein ?

Je secoue la tête.

—Non, papa. Ça, c'était Earl Grey.

—Pfff, les gosses grandissent si vite. Un jour vous regardez *Barney et ses amis* et les *Télétubbies*, et le lendemain vous vous faites tripoter par un fan de *Mon petit poney*. Bon, amusez-vous bien les enfants. J'vais prendre deux trois Stilnox et mettre ma viande dans le torchon. Ne vous couchez pas trop tard.

Il referme la porte, et nous nous retrouvons de nouveau seuls. Jin et moi.

—Je suis désolée, dis-je. Il a tendance à raconter un peu n'importe quoi.

Jin éclate de rire.

—Maintenant, je vois de qui tu tiens !

Soudain, Earl Grey émerge de sous le lit !

Chapitre 29

—Bonsoir, Anna, dit Earl en s'époussetant.

Il a remis son costard-cravate à smileys. Je me souviens parfaitement de cette cravate…

Je me lève pour m'éloigner de Jin.

—Je ne sais pas ce que tu penses, mais tu te trompes.

—Et si je pensais qu'il ne se passait rien ? Est-ce que ça voudrait dire qu'il se passait quelque chose ?

—Je suis confuse, réponds-je.

—C'est pas nouveau, marmonne Jin.

—Ne t'en fais pas, me dit Earl. Quelqu'un ici est sur le point de se faire tripoter, et ce n'est pas toi.

—Est-ce que vous menacez de me tripoter ? tempête Jin en se levant.

Ses muscles roulent furieusement sous sa peau.

Oh non! Ça recommence! Jin ne se le pardonnerait jamais s'il laissait la colère le submerger de nouveau. En outre, il n'a plus qu'un testicule.

—Arrêtez-vous… tous les deux! m'écrié-je.

Ils se tournent vers moi.

—Reste en dehors de ça, Anna, rétorquent-ils en chœur.

—Tatounet! s'écrie Earl.

Jin jure silencieusement dans sa barbe. S'il parle, Earl peut désormais le taper. C'est la règle du tatounet.

Je secoue la tête.

—Détatounise-le, Earl. Tu ne comprends donc pas? Si vous vous battez pour moi, vous serez tous les deux perdants.

—Dis-moi juste une chose, Anna: est-ce que le bébé est le mien… ou le sien?

Jin se tourne vers moi. Il a le cœur brisé.

—Tu as le ballon, Anna?

Earl lève le poing et s'apprête à frapper Jin à l'épaule pour avoir parlé alors qu'il était tatounisé. Je lui saisis la main pour l'empêcher de cogner.

—Tu sais que je ne joue pas au foot, lui répliqué-je.

—Non, je parle du fait qu'il t'ait engrossée, m'explique Jin.

—Oh. Ça. Navrée de ne pas t'en avoir parlé plus tôt.

Jin secoue la tête.

—Tu mens, dit-il.

—Non, affirmé-je. Je porte le bébé d'Earl.

— Tu ne vaux pas mieux que ces gamines enceintes à seize ans que Kathleen regarde toujours sur MTV, crache-t-il.

— Retire ça tout de suite ! Je n'ai pas seize ans. Et je ne participerai jamais à une émission de télé-réalité.

— Comme c'est amusant, de la part de quelqu'un qui a le Dr Drew pour médecin attitré, insiste Jin. Regarde les choses en face, Anna : tu as changé.

— Vraiment ? À moins que je n'aie tout simplement mûri ?

Jin fronce les sourcils.

— Ce n'est pas comme ça que ça devait se terminer. Tu le sais aussi bien que moi.

Il est peut-être contrarié, mais au moins sa colère semble s'être dissipée.

— Je suis désolée, Jin. Peut-être que tu tomberas amoureux du bébé, quand il aura grandi ?

Earl me lance un regard noir. Je me reprends aussitôt :

— Ou peut-être pas. Ce que je veux te dire, c'est qu'il y a plein d'autres poneys dans l'océan.

— Ouais, on appelle ça des hippocampes, rétorque Jin, boudeur.

— Tu m'as très bien comprise. Être ami avec quelqu'un, ça peut parfois vouloir dire laisser partir cette personne.

Jin pousse un soupir.

— Tu as raison. Au lieu d'être heureux pour toi, je me montre jaloux. J'aimerais tant arriver à mieux maîtriser mes émotions. Toutefois, si j'ai appris une chose, c'est qu'être fan de *Mon petit poney* est un voyage perpétuel, pas un but à atteindre. Je vais partir, maintenant, et j'ignore quand nous nous reverrons. Mais je vous souhaite tout le bonheur du monde, pour aujourd'hui comme pour demain.

— Merci. C'est peut-être un détail pour toi, mais pour moi ça veut dire beaucoup, lui dis-je en ouvrant grands les bras pour l'embrasser.

Je sens ses mains ramper sur mon dos, et, alors qu'elles approchent de mon cul, Earl se racle la gorge.

— Au revoir, Anna, dit Jin en s'écartant de moi.

— Au revoir, Jin. Et bonne chance.

Jin et Earl se font de nouveau face. Earl, taquin, tapote doucement son biceps nu.

— Pour avoir parlé en étant tatounisé, explique-t-il.

— Prenez bien soin d'elle, dit Jin en lui tendant la main.

Earl la serre volontiers.

— Comptez sur moi.

Jin tente d'ouvrir la moustiquaire, toujours bloquée.

— Tu ne bluffais donc pas, déclare-t-il.

Il sort alors par la porte, qu'il referme derrière lui.

Earl m'enlace.

— Quand j'ai eu ton mail, j'ai craint que le bébé ne soit pas de moi. Je suis content que ce gosse n'ait pas un père qui collectionne les poneys en plastique.

— Je crois que Jin se cherche encore. Un long voyage l'attend. Merci de ne pas l'avoir fait sauvagement assassiner.

—Je n'ai jamais cru qu'il pourrait t'arracher à moi, se justifie-t-il. Mais fais-moi quand même penser à annuler le contrat que j'ai mis sur sa tête, poursuit Earl en posant avec assurance sa main sur mon épaule.

Je fonds littéralement à ce contact. Ma pétasse intérieure se met à tournoyer sur elle-même jusqu'à s'effondrer, prise de vertiges.

—J'ai postulé pour un boulot cette semaine, l'informé-je pour parler d'autre chose que du bébé.

—Chez Amazon, complète-t-il.

—Comment le sais-tu ? Ne me dis pas que tu as aussi racheté…

Earl éclate de rire.

—La société m'appartenait déjà. Mais ne t'en fais pas : je ne m'immiscerai pas dans ta carrière.

—Merci. Ça me touche beaucoup. Je voulais aussi savoir comment allait ta mère ?

—Physiquement ? Elle est vivante, ce qui n'est pas le cas de toutes les hôtesses d'accueil du *Wal-Mart*. Émotionnellement ? Nous avons encore beaucoup d'efforts à faire pour recoller les morceaux.

Un silence encombrant s'installe entre nous. Il aurait pu en dire autant de notre relation.

—Je suis désolée d'être tombée enceinte.

Earl me fixe droit dans les yeux.

—Il y a des chances pour que ce soit ma faute, Anna.

—Comment ça?

—Tu te rappelles quand je t'ai dit que mes préservatifs étaient cousus main?

J'acquiesce.

—C'est le problème, reprend-il. Apparemment, faire des retouches sur un préservatif n'est pas une bonne idée. Le sperme a tendance à se faufiler entre les points.

—Oh.

Je pose ma tête sur sa poitrine et me mets aussitôt à sangloter.

—Qu'est-ce qu'il y a? s'enquiert-il.

Je plonge le regard dans ses yeux gris et fixes.

—Ce qu'il y a? Tu ne comprends donc pas? Je suis amoureuse de toi.

Ça y est, le secret est éventé.

Le visage d'Earl Grey rayonne de joie. Je ne l'ai jamais vu si heureux, en dehors des fois où il imite son héros, Tom Cruise.

—Je t'aime, Earl Grey, répété-je. Dès que je quitte ton penthouse, je ne sais plus où je me trouve. J'ai aussi compris que l'amour n'était pas un long fleuve tranquille; chaque rose a ses épines. J'espère que tu voudras bien me reprendre.

—Bien sûr, que je le veux. Je craignais au contraire que toi, tu ne veuilles pas me reprendre. Je n'aurais pas dû te mener autant la vie dure, quand tu as ri lors de notre jeu de rôle. Au moins, j'ai pu voir que tu étais ouverte à la nouveauté. Je sais qu'il m'arrive d'être un connard sadique, Anna. Ça ne doit pas être évident de vivre avec ce lunatique d'Earl Grey, mais tu sembles me gérer mieux que toutes les femmes que j'ai connues. Tu n'as pas peur de mes cinquante nuisances, et tu m'as appris à ne pas les redouter non plus. Je suis comme ça. Et j'ai besoin d'amour.

J'éclate de rire.

— J'ignorais que tu étais fan de Lorie. Je l'adore! On dirait que nous sommes vraiment faits l'un pour l'autre.

— J'avoue ne pas savoir qui c'est, mais en parlant d'être faits l'un pour l'autre...

Il met un genou en terre et sort une boîte à bijoux de sa poche.

— Tu te rappelles quand j'ai dit que je n'étais pas du genre à avoir une petite amie?

Je lève les yeux au plafond. *Comment pourrais-je l'oublier?*

— Eh bien, je le pense toujours. Mais je suis du genre à avoir une épouse.

— Pour ça, il faudrait être marié, lui rappelé-je.

Earl sourit et ouvre la boîte, révélant une bague de fiançailles en or sertie d'un caillou étincelant.

— Anna Steal..., voulez-vous m'épouser?

— Oui! Oui, oui, oui! m'écrié-je, incapable de me retenir.

Je suis littéralement incapable de me retenir, et de l'urine me coule sur la jambe.

Je me saisis de l'alliance et me la passe au doigt. En y regardant de plus près, je constate que la pierre est un diamant taillé tel un dé à vingt faces. *Oh, mince.* L'anneau est si lourd que j'arrive à peine à soulever la main. Ma pétasse intérieure jubile, le poing serré. Je veux passer le restant de mes jours avec cet homme extraordinaire, riche, séduisant et riche.

—Il faut fêter ça, dis-je.

—Je crois savoir comment, répond-il en me couchant sur le lit.

—Attends une seconde. Tu n'as rien entendu ? Dans le placard…

Earl s'en approche et ouvre la porte à la volée.

—Dr Drew ! s'exclame-t-il.

Ce dernier titube hors de la penderie.

—Désolé. J'étais, euh… sur le point de partir.

Le Dr Drew décampe de la pièce. Alors qu'il descend l'escalier, je l'entends trébucher et finir de dévaler les marches en roulant. Il réclame de l'aide, ayant soi-disant un os qui dépasse.

—Tu crois qu'on devrait aller voir ? me demande Earl en jetant un coup d'œil par l'embrasure de la porte.

—Non. Il est médecin, il trouvera bien un moyen de se soigner.

Earl referme la porte.

—Je crois que nous sommes enfin prêts à fêter ça, déclare-t-il en retirant sa veste et en la jetant négligemment à travers la pièce. (Il desserre également son nœud de cravate.) Tu veux te joindre à moi ?

Cette fois, c'est moi qui arbore un sourire narquois.

— En fait, j'aimerais bien essayer quelque chose, pour changer, dis-je en posant la tête sur un ours en peluche. Garde ta cravate, et enlève ton pantalon.

— Oui, mademoiselle Steal, répond-il avec un sourire malicieux.

Il retire son pantalon gris et son string argenté, dévoilant ses jambes élancées et musclées. Sa virilité, qui dépasse de sa chemise, est déjà au garde-à-vous.

— Amène ton cul par ici, ordonné-je.

Finalement, j'aime bien commander.

Il s'exécute et s'arrête à ma hauteur.

— Qu'avez-vous en tête, exactement, mademoiselle Steal ?

— Mon fiancé s'appelle Earl Grey. Si je ne peux pas l'infuser sur l'instant, je change de crémerie.

Il secoue la tête.

— Depuis le temps que je rêve de tremper mon biscuit. Je t'aime, bébé, dit-il en se mettant à califourchon sur moi.

— Je t'aime aussi, réponds-je.

Il trempe son sachet dans ma bouche grande ouverte. Tandis que je me délecte du goût de son gel douche coco-citron hors de prix, tous mes doutes quant à notre avenir commun se dissipent. Je l'aime : le père de mon enfant, mon futur mari, mon amant, mon rôliste, mon Maverick…, mon tendre et cher Edward Cullen. Euh… je veux dire Earl Grey.

Épilogue

— MADEMOISELLE STEAL, LE TRAVAIL A COMMENCÉ depuis soixante-cinq heures. Le bébé est en danger. Nous n'avons d'autre choix que de pratiquer une césarienne, m'informe l'obstétricienne.

— Alors faites-le, bordel ! s'exclame Earl.

Il me tient la main depuis le début de ce supplice. Porter son bébé jusqu'au terme a été particulièrement douloureux, son sadisme utérin ne s'étant pas démenti, mais ces soixante-cinq dernières heures relèvent de la torture. Les infirmières ne peuvent pas m'injecter suffisamment d'analgésiques pour me calmer.

Je serre la main d'Earl.

— Ça… va… aller, marmonné-je.

Je suis épuisée, j'ai besoin de me reposer, mais je dois être forte. Pour notre petit garçon.

— Avons-nous votre accord, mademoiselle Steal?

— Oui, m'entends-je répondre.

Ma voix semble émaner d'une autre dimension.

— Parfait, reprend l'obstétricienne. Ce sera bientôt fini.

Elle se tourne vers une infirmière et réclame l'arrivée d'une anesthésiste, puis me fait conduire à une salle d'opération.

Tout se déroule très vite. Mon lit est poussé dans un couloir, puis dans un autre, et enfin en salle d'op. Earl, qui porte une blouse sur son costume, m'accompagne sans jamais me lâcher la main.

Les vingt minutes qui suivent ne sont qu'une succession de médecins, d'infirmières et de péridurales. Je ferme les yeux et ne sens rien. Dieu merci. Je me tourne vers Earl, qui sourit faiblement. Je navigue entre conscience et inconscience, mais relève malgré tout la tête quand l'obstétricienne prononce enfin les mots magiques :

— Voici votre fils.

Earl tient un nouveau-né emmitouflé dans une couverture. Le visage du bébé est tout fripé, ses cheveux noirs sont plaqués sur son crâne, mais il est vivant. Et mignon. Il semble si paisible avec ses paupières closes. Chris Grey. Notre bébé.

Bébé Chris ouvre les yeux. Ils sont gris, comme ceux de son père. Bébé Chris a un sourire malicieux, et dévoile ses petites dents de vampire. Attendez… Ses quoi?!

Je me tourne vers Earl, qui sourit à son tour en me montrant ses propres crocs pointus.

— Il y a une chose que j'ai oublié de te dire, m'informe-t-il.

Le bébé me fixe fixement, je le fixe fixement, puis Earl me fixe fixement, et bientôt nous nous fixons tous tour à tour fixement.

BOSS ET CANON
Vol. 14, #3
« Earl Grey & Anna Steal
mariés à Seattle »
Une exclusivité Boss et Canon, *par Kathleen Kraven*

Trois mois après la naissance de leur premier enfant, le boss canon de l'Earl Grey Corporation et sa fiancée Anna Steal, employée d'entrepôt chez Amazon, se sont passé la corde au cou. Le couple s'est uni dans le plus grand secret dans la Space Needle de Seattle fraîchement rénovée – et *Boss et Canon* était présent pour vous présenter cette exclusivité.

Earl, 28 ans, et Anna, 22 ans, se fréquentent depuis près d'un an, et l'officialisation de leur couple a fait grand bruit lors du bal de charité organisé par Earl pour lutter contre les dangers de plonger bourré. Cela a également causé beaucoup de remous à la rédaction de *Boss et Canon*, car nous pensions tous que le mystérieux Earl Grey était de l'autre bord. Eh bien, non !

Nos lecteurs de longue date se rappellent sans doute qu'Earl et Anna l'ont échappé belle, l'année dernière, quand leur hélicoptère s'est écrasé sur la Space Needle. Par bonheur, Earl s'en est tiré sans une égratignure sur son visage splendide. Les blessures d'Anna étaient plus graves, mais elle a vite pansé ses plaies grâce à l'intervention du célèbre Dr Drew Pinsky. Trente-deux touristes ont perdu la vie dans la catastrophe, ce qui en fait un événement historique. Earl a financé la reconstruction de la structure, et la Space Needle culmine désormais à cinq cent cinquante mètres, soit trois fois sa hauteur initiale. On raconte que sa nouvelle peinture rosée et son aspect «veineux» sont une évocation de la propre «aiguille spatiale» de ce cher Earl. Malheureusement, notre envoyée spéciale n'a pas pu confirmer cette ressemblance supposée.

Seuls les familles et les plus proches amis des jeunes mariés étaient conviés à la cérémonie. Du côté du marié, on retrouvait nombre de célébrités locales, dont le père adoptif d'Earl (nommé *Boss et Canon* du mois en 1986), Bill Gates. La mère et le beau-père naturistes de la mariée ont, pour leur part, fait sensation sur les portraits de famille !

La jeune épouse était vêtue d'une magnifique robe Louis Vuitton de chez *Trader Joe's* conçue spécialement pour l'occasion. Le jeune époux était habillé de Tom Ford (littéralement : le couturier était drapé autour de ses épaules). Les témoins du couple étaient votre serviteur (en tant que demoiselle d'honneur, sobre depuis onze mois) et Tom Cruise. La cérémonie était célébrée par le révérend Brent Spiner.

Le jeune couple, accompagné de son bébé, passera sa lune de miel au Triassic Safari, la réserve de dinosaures située sur l'île privée d'Earl dans l'archipel d'Hawaï. L'idée lui est venue bien avant que Michael Crichton écrive *Jurassic Park*.

Les cinquante nuisances
d'Earl Grey

Liste exhaustive, non expurgée

1. Fait ses courses au *Wal-Mart* le samedi.
2. Attache sa partenaire avec des menottes.
3. S'adonne au BDSM (Bardes, Dragons, Sorcellerie et Magie).
4. Craque pour Tom Cruise, malgré l'affaire Scientologie/Katie Holmes.
5. La fessée.
6. Aime le goût de la Bud Light.
7. Les coups de fouet.
8. Les coups de cravache.

9. A pleuré lorsque Oprah a annoncé qu'elle quittait l'antenne (mais n'a jamais trouvé le temps de regarder sa chaîne câblée).

10. Les coups de badine.

11. Entrer par-derrière.

12. Préfère Jay Leno à David Letterman.

13. Tremper son biscuit.

14. Les pinces à seins.

15. Ne comprend pas pourquoi tout le monde semble avoir détesté à ce point les épisodes I, II et III de *Star Wars*.

16. Trouve que Jerry Seinfeld est le personnage le plus drôle dans *Seinfeld*.

17. Le gel douche Fraîcheur Coco-Citron de chez Body Shop.

18. Les anneaux péniens.

19. Ne comprend pas *Mad Men* – mais genre, pas du tout.

20. Se sert d'un PC portable avec un autocollant Apple pour cacher le logo Dell.

21. Pirate le wi-fi de ses voisins.

22. Trouve extrêmement érotique qu'une femme se cure le nez.

23. Le groupe Nickelback.

24. N'utilise du fil dentaire que la semaine précédant un rendez-vous chez le dentiste.

25. Regarde *Titanic* au moins une fois par an, et rit chaque fois que ce type se prend l'hélice.

26. Est plutôt Jacob.

27. Trouve ses rencards sur Topannonces.

28. Aimerait que Katy Perry et Russell Brand se réconcilient, parce qu'ils allaient si bien ensemble.

29. Trouve Heath Ledger «pas trop mal» dans le rôle du Joker.

30. Son restaurant italien préféré est *Pizza Pino*.

31. Aime se servir de cordes.

32. Paie des femmes pour participer à des jeux de rôle grandeur nature (GN).

33. N'a jamais fini de lire *La Grève: Atlas Shrugged* d'Ayn Rand.

34. Regarde religieusement les émissions de catch professionnel, même s'il sait que ce n'est pas «pour de vrai».

35. *Gossip Girl.*

36. Ne sait plus depuis combien de temps il ne s'est pas coupé les ongles des pieds.

37. Cite régulièrement *Des serpents dans l'avion*, alors que ce n'était déjà pas drôle quand le film passait au cinéma.

38. Les vibrateurs de farces et attrapes.

39. Trouve Tim Burton légèrement surévalué.

40. Aimerait qu'on laisse Kristen Steward tranquille.

41. Le porno entre lesbiennes ne l'excite pas.

42. Peut avaler un demi-litre de glace Ben & Jerry's en moins de trente secondes.

43. Trouve formidable l'œuvre d'Aaron Spelling.

44. Les batailles de boules de sperme.
45. Trouve qu'il n'y a rien de plus beau qu'un bon vieux imprimé floral de chemise hawaïenne.
46. Ne trouvait pas George W. Bush si minable en tant que chef des armées.
47. Les plugs anaux.
48. *16 Ans et enceinte.*
49. Le chevillage.
50. Lit des romances érotiques.

Extrait de
Cinquante Nuisances
dans l'espace

Earl Grey me force à me pencher par-dessus la rambarde surplombant la jungle extraterrestre et me prend par-derrière. Dans notre précipitation, nous n'avons retiré que le strict nécessaire, et faisons l'amour avec le pantalon sur les chevilles et le reste de notre combinaison spatiale encore en place. J'ai encore mon jetpack sur le dos; cela nous prend toujours une éternité de nous extirper de notre équipement de guerre, et ni lui ni moi ne pouvons attendre, ne serait-ce que dix minutes, de nous sentir moites et d'avoir le souffle court.

Tandis que nous nous enfilons sous les lunes jumelles de Xenux, je repense à tout ce qui s'est passé depuis la naissance de notre fils : la guerre entre humains et vampires, les colons extraterrestres qui ont fait exploser le Soleil, le fait que Jin et Kathleen aient enfin trouvé le grand amour (ensemble), puis, six mois plus tard, qu'ils se soient séparés après que Jin l'a surprise à faire des sandwichs avec les jumeaux Winklevoss.

Plus j'approche de l'orgasme, plus mes tétons réclament de l'attention. Je n'en peux bientôt plus. Je me débats avec mon haut, tentant désespérément de libérer mes nichons avant qu'Earl me fasse atteindre ma destination de rêve. Un simple contact suffira à me faire perdre les pédales. Earl, comprenant mon intention, passe le bras droit autour de moi pour m'attraper le sein gauche – mais ses longs doigts trouvent malencontreusement la commande d'urgence de mon réacteur dorsal.

Je suis propulsée à cent mètres plus loin, où je m'écrase contre un arbre.

Je n'ai jamais connu meilleur orgasme.

J'arpente la jungle pour aller rejoindre Earl, mais il ne reste pas grand-chose de son corps. En se déclenchant, l'unique propulseur de mon jetpack l'a sectionné net au niveau de la taille. Mon pauvre Earl Grey est désormais dans cinquante nuances de morceaux…

Earl Grey survivra-t-il? Découvrez-le dans *Cinquante Nuisances dans l'espace*, la suite époustouflante de *Cinquante Nuisances d'Earl Grey*. Deux fois plus de sexe, deux fois plus d'excitation, et deux fois plus de sexe!

Index

Achevé d'imprimer en décembre 2014
N° d'impression 1412.0063
Dépôt légal, janvier 2015
Imprimé en France
81121076-1